社長専門コンサルタントが説く
新しい《繁栄と躍進》の着眼点

社長業
実務と戦略

牟田 學
日本経営合理化協会　理事長

PHP研究所

まえがき

社長業の第一の心構えは、まず強い独立不羈《ふき》の精神を持つことである。しかも、持続して永く持つことが肝腎なのだ。

社長業のすべての業の中で、このことこそ群を抜く大事である。

もし、精神の弱さがあれば、他のどんなものでも代替が利くわけがない。

もともと、生涯の成功も、事業の繁栄も、すべては、自分が自分自身に課した不羈の精神、強い持続した思い込み通りにしかならないのである。成功したいという強烈な思い込みが最初にない者が、偶然に思いを達しても、二度も三度もの成功は続かないし、起こらない。成功は、それほど必然的なものである。意図して持ち続ける以外にない。

この強い独立不羈の精神があれば、人に対しても、商品にも、金にも、マーケットにも、お客様にも、業績や競争にも、値段にも、売上や利益にも、戦略や戦術にも、永い繁栄を描くグランドデザインにも、そしてすべての思想や技術に対してさえも、ヒラメキが湧き、輝ける方向が見えるようになる。

独立不羈の精神を集中して永く持ち続けることこそ、成功の根幹なのだ。独立不羈の精神を失い、他人に依存する心を持てば、それが社長自身にとって最大の敵となる。

平成十七年八月

牟田　學

社長業　実務と戦略

目次

装丁――石間　淳

第一章

大きく業績を伸ばし躍進する16の着眼点

業績向上に直結したところに手を打たなければ、売上利益は決して増大できない。

事業経営は、基本的に売上利益に直結したところに手を打たなければ、業績を飛躍的に挽回したり、向上させることは難しい。

業績の悪い会社に限って、不思議なことに共通しているのが、この肝腎な視点を誤っていることだ。

赤字に泣いていながら、すぐ管理体制の改善や確立をしようとする社長が多い。的はずれもはなはだしい。

会社の規則とか、制度や管理体制をいじっても、そんなことで大幅に売上や利益が伸びるはずがない。もともと、規則や制度や管理というものは、売上や利益を上げる活動を側面的に援助するものである。つまり、売上や利益にとって間接的なものなのだ。

これでは業績の挽回はできない。ダメである。

売上を伸ばし、利益を増大させるのは、どんな会社でも、お客様や、商品や、売価や、粗利益や、企画力や、販売ネットや、売り方である。そこに着目し着手しなければ、効果は爆発的には上がらないのだ。このことは、はっきりしている。

どんなに規則や管理が良くても、商品が悪ければ売上には結びつかないし、お客様に愛されなければ、店や会社は繁盛しないと決まっている。他社より優れた企画や、市場を網羅できる販売ネットや、多い粗利益や、独創的な売り方からしか売上利益の増大は望めない。当たり前である。

ただし、会社が急激に成長して、これまでの管理体制では無理だとか、間接人員が過剰だとか、顧客サービスに支障を来すとか、制度不備で社員の定着率が低いとか…という場合は、早急に、しっかりした規則でも、制度でも、管理体制でも、改善し確立すべきことは言うまでもない。しかし、こういう守備的なことは一度確立すればしばらくはもつものなのだ。

業績の向上に効果的で、攻撃的なところに社長が第一に手を打たなければ、決して売上や利益は増大できない。

このことを緊急の視点として、念を押して大声でお伝えしておきたい。

お客様を捉える目線がズレていると、どんなに努力しても、商品は売れない。

「目線」とは、一体、何か。

老人に子供商品を売っても、なかなか売れないし、子供に老人商品を売ったら、まったく売れない。つまり、どんなに品質が良くても、値段が安くても、対象と目線が異なるものは売れないということだ。

少子高齢化が進み、消費構造が大きく変わって久しいが、本当に老人にフィットした商品や、子供をワクワクさせる商品を、自社で開発できないのは、社長や担当者の目線が、決定的にズレているからだ。

老人の孤独や、喜びや、希望を実際に知らないで、頭だけで考え出したありきたりなものを、単に押し付けているだけではダメだ。同様に、子供の天真爛漫やヤンチャな目線を忘れて、こぢんまりまとまった大人の価値観を、垂れ流しているだけのものが売れるわけがない。

哲学や時間の流れでも、食べ物でも、衣服でも、異性に対する好き嫌いの基準でも、すべての喜怒哀楽は、世代ごとに目線が大きく異なる。

事業経営にも、商品開発にも、目線は、いつでも現場を見ていないと遅れてしまう。

失敗してしまうものだ。

これからの老人市場が有望分野であっても、老人の喜怒哀楽を、直接に感じ取ることが出来なければ、成功を収めることは困難である。

ためしに、近郊の散策地を歩いてみると良い。色とりどりのスニーカーを履き、シャレたリュックを背負った元気老人のグループが、何組も何組も、嬉々として連れだっている。それはなぜなのか…目線を合わせて、一緒に歩いてみなければ分からないことだ。介護施設を回って談笑し、自分で車椅子に座り、介護ベッドに寝て、実際に操作したりすることが大事だ。

子供向けの商品やサービスを扱っていたら、子供の目線に合わせて、幼い者の感性を摑んで欲しい。本当に子供の心が分からなければ、良いものは創れない。なぜ、子供たちが、セガの「ムシキングカード」に血道を上げ、ゲーム機の前に、時の経つのも忘れて列をつくっているのか……一度でもいいから、列をつくってゲームをやってみることだ。何が面白くてカード集めに夢中になるのか、子供と一緒に遊びほうけるくらいの人間にならなければ、子供向けの良い商品など開発できない。

社長は、そういう現場主義の部下を、積極的に得て、用いて欲しいものだ。目線を忘れてはならない。

今、売れている事業や商品を総合的に洗い直し、そこに全力を集中すべきだ。

生死を決するほどの覚悟で大金を投じて開発したものでも、今、売れていないものを売るには、売れているものを売る努力と比較し、五倍も一〇倍もの努力が必要である。つまり、今、売れているものを売る方が、はるかに効率が高いということである。

売れていないものはどこかが悪い。

色や、形や、素材や、性能や、名前や、値段や、時には売り出したタイミングや、対象としている客層や、ライバルへの対応…という大事な要素に欠点があるのだ。十分に事前調査を行い、間違いないと信じて売り出したものでも、戦略や戦術に変更が必要な場合も多い。時には、売り出した途端に、商品自体にマイナーチェンジやモデルチェンジが急務だということも多い。

また、昨今のような時勢には、ここ三年間軌道に乗っていない事業や商品は切り捨ててしまうという大英断を下すことも大事な検討事項である。

今は、社長として、自分の、売れている事業や商品を総合的に洗い直し、何故それが売れているのかを的確に捉えるべきである。

売れている場所はどこか、良く売っている社員はどんな人材か、売れている値段はどのグレードか、売れる時間は一体いつか…どんな工夫や努力がこれから必要かを捉えて、そこに全力を集中すべきだ。

売れている場所をより拡大し、売っている幹部に有能な部下を与え、売れているものに良質で多くの資本を投下することが肝要である。

ピントはずれが怖い時勢である。

優秀な会社は、いくつもの事業や商品や技術を上手に組み合わせて、相乗効果を上げている。

事業は、多角化し、組み合わせの幅が大きければ大きいほど、相乗効果を発揮して、成長性も、安定性も飛躍的に高まる。

優秀な会社は、規模の大小を問わず、いくつもの事業や商品や技術をうまく組み合わせて、相乗効果を上げている。

神奈川県の逗子に、江戸時代から二百六十年以上続いている老舗の料亭がある。お客様は、ほとんど東京の方《かた》で、わざわざ足を運んでくれる。繁盛の理由は、積極的に多角化を推し進め、意図的に相乗効果を上げているからだ。

どんなに魅力溢れる老舗の料亭でも、和食だけだと、お客様は飽きてしまう。だから、近くにフランス料理のレストランを開き、選択の幅を広げていった。それでも、客席の回転に縛られた商売だから、一〇〇人のお客様が、せいぜい二回転、三回転もすれば、おのずと天井に届いてしまう。

そこで、和食と洋食の店の中間に洋菓子店をオープンした。その味に惚れ込んだデパートの社長に乞われて、今度は横浜にも出店した。

デパートが開店する朝十時前に、評判のロールケーキを買うために、五〇人、一〇〇人と列をなしている。洋菓子店は、客席の回転がないから、それこそ青天井で売上が伸びていった。同じお客様が和食を食べ、洋食を食べ、洋菓子を食べるというように、何度も繰り返す仕組みをつくりあげたのである。

相乗効果の字義通り、それぞれの長所が掛け合わさるように売上が伸びていった。

地方に事業を興し、名を成し、大を成したような人は、いずれも相乗効果を上げる術を、独特の皮膚感覚のようなもので身につけている。

人里離れたところに、観光旅館やホテルを開発すると、判で押したように、併せてバス会社やタクシー会社を手掛け、お客様を運ぶようにしている。

さらに、遊園地やレストランや土産物店を加えて総合化していき、同じお客様の財布の紐を何度でも開かせ、独り占めすることも忘れていない。多角化による相乗効果である。

自社の周辺を見回せば、未開拓の事業や商品や市場が、山ほどあるではないか。大型店をやっていたら、小型店にも進出してみることだ。紳士服を扱っていたら、同じ店売のノウハウを活かして、カジュアルにも挑戦してみることだ。メーカーなら、自社の周辺技術をもっと広げてみることだ。

意識的に相乗効果を上げていただきたい。

売上こそ繁栄のすべての根幹である。

社長業で、何が幸福であるかと問えば、社長なら誰でも、売上が順調であることを、まず最初に挙げる。それほど幸福なことが、他にあるわけがないのだ。

売上こそ、事業を繁栄させるすべての根幹である。

しかし、時には、好調が長く続くと、社長も社員も、それが当たり前だと思い、努力しないでも売上が上がるものと錯覚して、やがて怠惰となり、いつの間にか「売上こそすべての根幹だ」という大事な理《ことわり》を忘れて、危機に陥ってしまう。

売上が落ちると、夜も眠れないほど思い煩う社長も数多い。売上は、利益や、資金や、支払い能力の源泉であり、社員や家族の幸福さえも握っているものである。

売上には、思想と技術の両面が大事である。

特に、思想は社長業の最も大事な領域である。売っている商品やサービスが悪かったり、お客様を裏切ったら、長い繁栄も一朝にして失ってしまうものだ。お客様に悪いものを売って繁盛を続ける方法など、あるはずがない。

長く繁盛している会社をよく研究すると、必ず、他に負けない商品や、「売り物」を持っている。それを磨き、さらに高め、その上に、値段も、サービスも、納期も、売り方も、品質や機能性までも、あらん限りの力を注ぎ、お客様に尽くし続けているところばかりである。一つの例外もない。

すべての価値は、人間の持っている「考え方」で決まる。つまり、「思想」こそが行動の起爆剤である。最初に、思想がすばらしくなければ、良い会社は創れないものだ。

しかし、思想や、高い情だけで繁栄できるかといえば、決してそうではない。

その高い理念を実現させる技術や、方法や、道具や、手の打ち方が不備であれば、繁栄は摑めない。

売上競争をよく見ていると、技術が相手よりも劣っていて負けてしまうことが、一〇〇のうち五〇もある。要するに、思想と技術は車の両輪で、いずれも欠くことができない大事である。

どんなに思想が優れていても、戦争で、味方が槍を持って敵に立ち向かい、敵が鉄砲で向かってくれば、鉄砲の方が勝つ。事業経営は、こういうことと寸分変わらない。こちらが馬車を用い、相手が車を用いて運送会社をやったら、車の方が必勝するのだ。感じが良い店員と、感じが悪い店員がいたら、良い店員にお客様が付く。何の不思議もない。

思想や哲学は、事業の根本の方向性を決定するもので、不変である。しかし、技術や戦い方は、敵を意識した上手な対応と手の打ち方が本質で、変化への実務が大切である。

売り方にも、作り方にも、他社にない超差別化をし、経営の全方位で「オンリーワン」を目指せ。

オンリーワンになる。つまり、唯一の存在を狙うことだ。

しかし、激しい競争市場の中で、売れている商品も、流行っている店も、すぐにライバルたちの目について、模倣される。唯一の存在になることは、すこぶる難しい。

そこで、法的な対抗手段として、工業所有権を取得して繁盛を守る。特許、実用新案、商標、意匠の権利は、十年間ほど、他のマネの排除となるからだ。「マネされることとは本物の証だ」などとウソぶいて、放置していた経営者が、しばらくして、もっと良い物をライバルに出され、しかも、権利をとられてホゾをかんだことがある。

オンリーワンへのさまざまな工夫は工業所有権だけではない。他の追随を許さない戦略の数々がある。

大阪にあるネジ専門商社のサンコーインダストリーは、完全なオンリーワン会社である。問屋不要論が叫ばれる中、顧客にも、メーカーにも「なくてはならない存在」になっている。

ネジは、多くの乗り物、機械設備、建物に使われていて、大きさも、材質も、気が遠くなるほどさまざまである。こうした中、サンコーインダストリーでは、二五万アイテムを常備していて、お客様のどんな注文にも即納できる体制をとっている。当然、尋常なやり方では対応しきれない。そこで、いち早くＩＴに取り組み、苦心に苦心を重ねながら、コンピュータ制御の自動物流倉庫を完成させた。

倉庫に行くと、三階建てくらいの高さで、幅五〇メートルくらいの壁面がいくつも並んでいて、それぞれに何層もの棚が設けられている。人はほとんど見当たらない。受注をコンピュータに打ち込むと、一種のアームロボットが自動的に作動して、必要なネジを必要なだけ揃えてくれる。

社長の奥山さんと出会った頃は、年商四〇億円程度だったが、今では、一四五億円を見込むまでに成長し、取り扱いアイテムも、将来は二五万から五〇万に倍増する計画である。まさに完全なオンリーワンである。

「テディベア」という、超ロングセラーの熊のぬいぐるみがある。この熊の名は、米大統領であったセオドア・ルーズベルトに由来する。セオドアが、ある時、母熊を撃たれて泣いていた小熊を見て、哀れに感じ、熊狩りを止めて家に連れ帰り、優しく育てることにした、というのがその謂《いわ》れだ。「テディ」とはセオドアの愛称である。

小熊のぬいぐるみは、全世界を席巻し、その人気は今も続いている。ストーリーを作り、伝説にまで高め、オンリーワンになったのだ。

売り方にも、作り方にも、他社にない超差別化をし、経営の全方位でオンリーワンを目指す。

形も、色も、素材も、名前も、値段も、品質も、納期も、サービスも、一貫してベストをお客様に届けることこそオンリーワンになる方便である。これが、規模の大小に関係なく、強い経営を創る方向性の第一番手の哲学でもある。

成長とは、〈お客様を増やすこと〉である。この重大事が分かっていない社長が多い。

会社を〝成長させたい〟と願う社長たちに会うたびに感じることがある。それは、成長とは一体どうすれば起こるかという大事を、社長自身が、実際に、具体的に認識していないという現実である。成長を認識しないで、成長を願っても実現するはずがない。

成長とは、一言で表現すれば〈お客様を増やすこと〉である。この重大事が分かっていない。

私は、会社へ招かれたら、まず「昨年と比べて、お客様の数が増えたかどうか」を質問することにしている。それは、たったそれだけで、決算書を分析する必要もなく業績の良し悪しを判断できるからだ。つまり、昨年よりもお客様が減っていれば、確実に業績がダウンしているのだ。

事業は、手品でも、偶然の所産でもない。地道な顧客創造の連続で成り立つものだ。顧客が固定していたり、減少していて、事業が存続するわけがない。顧客の数が増えていなければ、社長は、社員の給料を上げることすらできないのだ。

A住宅会社は、「顧客を増やすために」というテーマで会議を開いた。

その結果、「顧客からの紹介を積極的に」「町に立て看板を一〇〇本立てる」「建てた家の見学会を開く」「チラシを見直す」「定期刊行物を発刊する」「地域を広げる」「拠点を作る」「女性モニターを採用する」という数々の課題を得て、行動に移した。売上は二年間で三倍、利益は六倍も伸びた。

まず、お客様を増やす方法を考えて欲しい。

一体何が自分の会社で「一番大切なこと」なのか、それを考えて、磨かなければならない。

土地や建物を買い求める時は、誰でも、数多くの不動産会社に当たり、環境や地形や値段を検討する。しかし、最終的には、有名な大会社から買うことが七割なのだ。小さい会社は苦しい。それは、小さい会社は信用できないし、大きい会社は信用できると、お客様が思い込んでいるからである。

ある時、小さな、しかし有望な不動産会社の社長が、八十二歳になる母親を会長にした。会長に就任した母親は、積極的に人前で話をした。イベントを開く時も会長が先頭である。八十二歳の母は、不動産屋のイメージから懸け離れて遠い。良い物件を真心込めて売る。ウソをつかない。

この会社は、信用がみるみる拡大し、地域のお客様に慕われる中堅の会社に成長している。

不動産を扱う会社で一番大切なことは「信用を得ること」である。信用が第一なのだ。

食べ物の店は、「味」こそ命である。機械は「性能」を売っているのだ。性能が悪いうえにサービスが悪ければ存在価値がない。また、職業でも、教師は良い子を育てることに命を懸けるべきだし、医師は健康体をつくり、政治家は住み良い社会をつくるための職であり、業なのだ。

客商売がお客様を忘れて自分の都合を主張し、それで商売が成り立つものと錯覚していては、会社の存在する価値がなくなる。

一体何が自分の会社で一番大切なのか、分かっていない人が多い。その職業や業種が本来何のためにあるのか、考えて、磨いて欲しい。

商品を安く売って、遂には、赤字に転落する会社を嫌というほど見てきた。値段を逆に高く売って成功した例も多い。特に値段は、冷静な判断で対応すべき一等のものだ。

競争が激しくなると、まず最初に手を打つのは値段である。

〝安く売れればよく売れる〟と、多くの販売担当者は妄信しているし、強力なライバルが安く売ってくれれば、自社も安くせざるを得ないという困った問題も多い。

多くの顧客が、値段を見て商品購入を決定するのも事実であるからだ。

しかし、考えて欲しい。収益の柱になっている商品を安く売って、遂には、赤字に転落する会社を嫌というほど見てきた。

売上は、どんな理由があろうとも《単価、つまり値段、掛ける数量》である。このことが真から分かっていない人が多い。手品じゃないのであるから、値段を半額で売れば、倍の数量を売ってはじめて同額の売上になるし、粗利益が割れたものを倍売っても、赤字の額が倍増するだけなのだ。

安く売れば、まず数量を多く売る。また一つひとつに粗利益が必ずあることが、収益の必須条件である。それが約束事になっていないから、安易な値段の決定をしてしまうのだ。甘い考えだ。

値段を逆に高く売って成功した例も多い。高く売ることは、数量を多く売らなくても儲かる方向性なのだ。

ＬＳＩなど特注ＩＣのメーカーであるロームは、就職を希望する学生に最も人気のある会社である。この会社はかつて、一五万点もの商品の中から五万点ばかりを生産中止したことがある。商品点数が多いと、なかには儲からないものが増えて、それが全体の危険につながることも多い。そこで、社長は得意先に、こういう商品の値上げを認めてくれない限り、生産を中止せざるを得ないと通知をした。これによって、会社は一段と高収益になったのだ。

市場が満杯となって、競争が過度になると、売上減とか粗利減に陥る会社も多い。特に値段は、冷静な判断で対応すべき一等のものだ。

新事業・新商品がなぜ大切か…〝常時稼いでくれる柱となる事業や、いつでも売れる定番商品を得るため〟である。

実に乱暴な言い様だが、それだけ的を射たことを洋書の輸入で知られた丸善の中興の祖、司忠氏が「儲かるアイディア経営」の中で言っている。〝やれると信じたことは、少なくとも五〇パーセントの成算があれば私はやる。あとの五〇パーセントに理屈はいらない。スタートした以上、何がなんでもやり通す〟…新事業や新商品へのチャレンジを必要とする人への金言である。

一〇種類に及ぶ新商品を作り、売り出しても、まあまあ売れるものは三つ四つである。その三つか四つの中から磨き上げて、一つの定番を得れば大成功だと言ってよい。成功が一〇分の一の確率であれば、二〇種類も三〇種類も開発し、成功の数を増やすことで経営の基礎を強くする以外にない。

そもそも、「新事業や新商品が事業経営にとってなぜ大切か」というと、〝常時稼いでくれる柱となる事業や、いつでも売れる定番商品を得るため〟である。それ以外の何事でもない。

これを五年でも、十年でも、事業を続ける限り永遠に継続していくことが経営であり、新事業・新商品を開発する主旨である。

今、苦しい会社は、その規模の大小に関わりなく、この新事業や新商品の開発を継続して行わなかったことに起因している場合が多い。

●現業・現商品では開拓できる市場がもう残ってはいない。

●価格破壊をはじめライバルとの競争条件の急変に、現業・現商品がついていけない。

●顧客ニーズの変貌を忘れ、現業・現商品が陳腐化してしまった。

●リストラをはじめ自社の採り得る戦略が底をついた。

一つの事業や一つの商品が、いつまでも安泰であればいいが、それは夢のような願いでしかない。新事業や新商品で儲かる体質を築いたら、その儲かっている間に、費用を使って次の新事業や新商品にチャレンジして利益を減らすことだ。

経常利益がどんなに多く出せても、未来投資がなければ将来性は買えない。

安定とは、自分が売っているものを、同じお客様に、繰り返し、繰り返し買っていただくことである。

安定とは、自分が売っているものを、同じお客様に、繰り返し、繰り返し買っていただくことである。

これ以外の安定はない。これが安定のコンセプトである。

だから、事業の安定を願うすべての社長が、同じ顧客に、繰り返し買ってもらうことを戦略課題として、経営をすべきである。

ところが、世の中には、どんな事業でも客商売だというのに、その客商売がお客様を忘れてしまったり、サービス業がサービスを怠ったり、一時的な儲けを永遠に続くものと錯覚していたり、結局、繰り返し、繰り返し可愛がっていただくことに意を尽くさないために、業績を著しく損なう社長が多い。

油断をした、のめり込みの不足した社長が業績を悪くしてしまっているのだ。

これからは、安定が大事である。社長は、お客様のために品質を高め、お客様のために納期を早め、お客様のために値段が安くなるように努力をし、お客様の会社の売上を伸ばすために企画力を高め、お客様のためにサービスを磨きあげるように、体勢を整えなければならない。

お客様に関わるすべての要素をのめり込んで、他社よりはるかに優れたものにすることこそ、繰り返し買っていただく〈安定〉という大課題を全うできる具体策である。

知っていても、実行していなければ安定は得られない。

質を高める経営とは、「単位当たり」を強く追求する経営のことである。

昨今、経営の質を高めたい、という相談をよく受ける。

しかし、その質とは何か、一体、どんな経営を望んでいるのかを尋ねてみると、案外、不明確で、売上や利益の確保と伸長を指している場合が多いのだ。

つまり、量のことであったりしているのだ。質とは何か、その本来の在《あ》り様が明確に分かっていないような気がしてならない。

質とは、「単位当たり」を強く追求する経営のことである。「一人当たり」とか、「一坪当たり」「一時間当たり」というさまざまな単位に、チャレンジする経営である。なかでも、社員一人当たりということを、全員が一丸となって追求すると効果は大である。

社員一人当たりの売上高、一人当たりの利益、一人当たりの人件費、一人当たりの経費を数値化する。ほとんど理想とは遠い数値が出てしまう。しかし、望むべき目標数値を出し、全員でチャレンジしてもらう。

自社の過去と比べる。業界の代表的な会社とも比較してみる。そして、日本を代表する異業種の会社とも比べる。質とはそういうものである。こうなると、自社の質の良し悪しが時系列で良く捉えられる。どう改良すべきかまでも全員が捉えるようになる。

社員一人当たりの売上が他社と比べて低いとか、過去より少ないということは、基本的に客数が減っていることに起因している。増客に力を注ぐべきだ。

一人当たりの粗利益が少ないのは、仕入れが高い、外注費が高い、時には、競争力のある強い商品がないために、値崩れを起こしているのが原因だということが分かる。

人件費率、つまり労働分配率が高すぎるのに、一人ひとりの給料が安いのは、粗利益が減少しているか、社員が多すぎて総額としての人件費が高すぎるからである。

また、一人当たりの売上高にムラがあって、乱高下が起こるのは、自社の商品を幾年も幾十年も、繰り返し繰り返し買ってくれるお客様がいないからだ。すばらしい商品の開発に、意を注がなければならない。

量は、質を伴うとは限らないが、質は、必ず量を伴うものだ。

事業を伸ばすには、少なくとも三人、腹心の部下が要る。有能な三人の部下を育て上げることが、会社を繁栄させ、全員を幸福にしようと願う社長の義務である。

事業を伸ばそうという社長には、少なくとも三人、腹心の部下が要る。それは、事業をシンプルな型、最も原始的な構図で捉えれば分かることである。

もともと、事業経営は、作ることまたは仕入れること、売ること、資金を蓄え分配すること、この三つから成り立っている。

だから、もし、ここに人を得ていなければ、事業がうまくいくはずがないのだ。

また、社長として、この三つの部門の長に、「業績を上げる以外に、リーダーとして部下を養成する義務がある」ことを強く教えるべきである。

こういう哲理が分かっていない社長に限って、人を得ていない。

根本的な思想がなければ、人は育たないし、組織として事業を動かすことも、事業を大きくすることも不可能だと言える。

業績を上げることが上手であっても、有能な、しかも己を信奉してくれる部下を、カリスマとなって育て上げる気や技がなければ、たとえ部門の長であっても、その人はいつまでも職人であってリーダーではない。

人事の妙に、「部下は最初の一人が決め手だ」ということがある。最初の一人が有能であれば、部下はいつの間にか全員有能になる。しかし、逆に、最初の一人が悪ければ、どんなに有能な部下を配置しても、やがて組織全体が腐っていくものだ。

有能な三人の部下を育て上げることが、会社を繁栄させ、全員を幸福にしようと願う社長の義務である。

事業の長期にわたる繁栄のグランドデザインは、社長自身のテーマであり、それが大事な時代になってきた。

欧米人に比べて、日本人は長期的な視点から事業をグランドデザインすることが、極めて苦手である。

特に、「仕掛ける」という長期的な戦略がない。根が農耕民族であり、狩猟民族とは違う。また、島国で、外敵が少なく、長い間、平和に暮らしてきた歴史がある。原因はさまざまであるが、激しく、厳しい長期的なプランやデザインに欠けていると思う。大事な視点が稀薄である。

事業の十年先、二十年先、三十年先、五十年先といった長期にわたる繁栄のグランドデザインは、部下は描いてくれないし、ライバルの模倣では生きていけない。社長自身のテーマであり、それが大事な時代になってきた。

既にマンションは、戦後、第三段階の繁栄期に突入した。

南仏やアメリカ西海岸には、先発の建物があって、日本のマンションとは異なった美や、憩いや、広さがある。決して、コンクリートの塊でも、蜂の巣のような部屋や窓ではない。森や水がコンセプトであり、その森の中に、丸や四角や三角の美しい建物がデザインされている。真の欧風化は、次代のテーマである。

山の手に住んで、下町に降りて、買い物をする。その時に、老若男女の軽い病気は、外科も内科も眼科も小児科も、一緒のビルに入っていた方が、総合的で便利である。もう二十五年も前に、開業医を募ってグループ診療所を作ったが、今、それが流行っている。医院のこれからの方向である。

ゴルフ場は、日本と欧米ではまったく違った経営をしている。欧米では、オーナーがメンバーであり、コースの中や周辺に別荘が販売され、そこに住んでいる人が多い。二〇〇〇人も三〇〇〇人ものメンバーはいらないのだ。考えて欲しい。

すべての事業は、満杯になった時に、経営が難しくなる。もう、開拓すべき場所がない、お客様が残っていない、得意先がもうない…という状態が来てからでは遅いのだ。収益が悪くなり、価格下落の競争が起こり、原材料が高騰し、制度が変わり、ライバルが出現する。

これから先のことは、すべて社長自身が成功や繁栄のグランドデザインを描く以外にない。次の時代に繁栄する実学の勉強こそ大事な時代になった。

物事を判断する根本は、その人その人の世界観に困っている。特に、社長にとっては、天空の鳥の目で見る、つまり、鳥瞰の世界観が必要である。

時には、鳥のように羽ばたいて高く天空を飛び、ここには深い森があり、あそこには激しい流れの大河が横たわり、向こうには険しい山が連なっていることを、見渡したいものだ。

そこの、どこに雪や雨が降っているか、陽が燦々と照っているか、また、果物が豊かに実を結んでいたり、動物が数多く生息している様を、天空の鳥の目で見ている…。つまり、鳥瞰することが、社長には欠かせない。

森の奥に入りすぎて迷ったり、川にどっぷりと入ってしまい、流れが見えないことが、我々には一番危険なのだ。

眼前に、将来性に満ちた物や人や場があっても見えなかったり、他人様の言葉が聞こえなかったりしがちである。

結局、物を見たり考えたりして判断する根本は、その人その人の世界観に因《よ》っている。しかも、その世界観は経験によって広さや深さが決まるものである。

我々は、読んだ書によって自分の価値観を確立したり、旅をして見聞したことによって視野を広げたり、出会った人に影響を受けたり、テレビを強く信用の尺度にしたり、家庭や職場や隣人や、限られた行動範囲によって世界を決めている。経験以外の世界はないからである。

情が深いか浅いか、危機に強いか弱いか、そして、人間としての性格や器量や魅力なども、社長自身の持っている世界観で決まってしまうことを知っておくべきである。

四書五経や宗教書や歴史書は、五千年もの昔から変わらぬ人間の喜怒哀楽の様子を教科書として伝えている。学ぶべきである。しかし、歴史からだけ学ぶ人は、知識は豊かだが、体験として学ぶことに不足し、実務が出来ない場合が多い。現代は、これらの人間要素に、科学の急速な発達を加えなければ視野が狭くなる。科学は、人類未知の、教科書のない分野へ突入しているからだ。

人間プラス機械、情プラス科学、文化プラス文明。

社長にとって、海外にも、商品にも、システムにも、お客様にも、価格に対しても、鳥瞰の世界観が必要になっている。

リーダーと名のつく業の人は、我が身を挺して、頼られ、強く必要とされる生き方を、業の美学として いなければ、花のある生き方を、見事に貫くことは出来ない。

人間がこの世に生あるのは、何らかの意味で、その人を必要とする別の個体が在るからだ。

存在とは、もともとそういうものである。

別の個が己を必要としている限り、生き続けることができるものだ。その人を必要とする度合いや個体数、また本人の生き続けたいと願う精進の深さや、努力の具合で、存在は決定づけられるものである。

だから、人は、己を必要とする人を周りに懸命になってつくり出していく努力をしなければ、基本的に存在し続けられなくなる。

社長という存在は、その典型なのだ。

ある時、悪いことをした部下を、我が子と同じように愛するあまり、思わず殴ってしまった社長がいた。次の日、嫌な気分でおずおずと会社へ出た途端に、部下全員に胴上げされ、それ以来、真実、親のように慕われる存在になった。

社員にとっても、お客様にとっても、商品にとっても、強く必要とされていない社長は、すでにその存在の価値を失してしまっている。およそ、リーダーと名のつく業の人は、我が身を挺して、頼られ、強く必要とされる生き方を、業の美学としていなければ、花のある生き方を、見事に貫くことは出来ない。

会社でも、店でも、商品でも、リーダーでも、営業マンでも、父親でも母親でも、客体に強く愛され、必要とされないものは存在しにくくなるという理《ことわり》のうちにある。

繁栄は、人の生の存在とまったく同じである。

第二章

もっと儲かる会社を創る26の着眼点

販売ネットを先に決めて、新商品をネットに合わせて作る方が、成功の確率が高い。

会社の窮状を救うのは、利益率の高い新商品である。

ところが、新商品の開発では、同じ原因で多くの失敗を診てきた。

社長たちは「すばらしい商品を作ったから」診てくれと私に言う。しかし、「どこで売るんですか」と尋ねると、その途端に声が出なくなる。つまり、商品の販売、なかでも販売ネットが頭になくて、商品開発だけが先行してしまっている。これが失敗の大多数の要因である。

商品を一体どこで売るのか。ホームセンターで売るのか、コンビニか、薬局か、デパートか…ということだ。

成功するためには、販売ネットを先に決めて、その店頭や倉庫へ行って、今、どれが売れ筋か調査し、売れているものより品質やデザインや値段や機能性が優れたものを開発するという思想こそ大事なのだ。販売ネットを先に決めて、商品をネットに合わせて作る方が、成功の確率も、継続性も、はるかに高いのだ。忘れないことだ。

販売ネットには、直接販売ネットと間接販売ネットがある。

直接販売ネットは、自分自身で店舗や営業所や通販といったネットを構築していくことだ。これは急に大きくしない戦略だ。代わりに利幅は大きく、成否を自分ですぐ判断できる長所がある。

間接販売ネットは、原則的に他人の信用に立脚してマージンを払い、販売の依頼をすることだ。当然、利幅は少なくなるが、急激に売上を伸ばし成長させることが狙いである。これには専売ネットと混売ネットがある。

専売とは自分の商品だけを売ってもらうことだ。したがって販売店がそれだけで食べていけるようにしなければ成り立たない。トヨタやホンダは、こういう戦略が主体である。

これに対し、混売とは、同業ライバルの商品も売っている店に自社商品を流すことだ。松下とソニーを比べた時に、松下は専売店にも混売店にもネットを持っている。したがって、家電商品のほとんどの分野を網羅して、専売店がまず食べていけるように条件完備をしている。

ソニーは混売店だけである。ソニーのクーラーとかアイロン、洗濯機はない。音と映像が中心なのだ。

いずれも良い会社だ。要は戦略をどう採っているか学んで欲しい。

多くの社長たちが新商品にチャレンジして失敗し、懲りてしまう。その多くは販売ネットという構想が先に無いからだ。

あなたの会社の女性社員は有能か。女性は教育によって有能な戦力にも、会社の顔にもなる。

女性社員は会社の顔だ、とよく言われる。

それは、受付や、電話口や、売場の第一線など、お客様が最初に接触される場所に女性が配置されているからに他ならない。

そして、会社の評価の多くは、そこにいる女性次第で、非常に良い会社だとか、逆に、とても悪い会社だということになってしまうものだ。

女性は、男性よりもはるかに真面目で忠実に与えられた仕事をこなす。教えられた通りに仕事を処理する能力は男性の比ではない。

日本の家庭では、大なり小なり未だに封建性が残っていて、女性は受け身や守備で育てられる傾向がある。だから、戦略を決定するよりも、決定されたことを忠実に実行したり、処理することが得意に育つ。

しかし、そうだからこそ、多くの女性社員は、戦略を明示されたり、命令や指示や教育を受けなければ、意思決定が出来なくて、間違って動いてしまうのである。

元来、自分の意思を強く持てない場所に配置されて、マニュアルだけを頼りに動いているから、放っておくと、いつの間にか自分たちの都合で、大事なお客様を平気で追い返したり、言い訳をしたり、不親切になったり、感情に走って口喧嘩をしたりして、困った相談を受けることも度々だ。

こういうことは、全部、上に立つ人が悪い。

女性の多い職場を運営し、業績を大いに上げているH社長は、「女性は不思議だ。男性とは明らかに扱いが異なる」と指摘している。そして、

「一人の優れた女性リーダーに、少々質の悪い数人の女性の部下を与えても、三日も経てば、全員が見違えるほど良くなってしまう。逆に、そのたった一人のリーダーが悪ければ、かなり優秀な部下を与えても、三日も経たない間に全員が悪くなってしまう。だからリーダーを選ぶ必要があるし、教育を厳しく行わなければ戦力にならない」と言っている。

今、女性がしっかりしている会社は業績が良い。「パソナ」だって、「東横イン」だって女性を戦力にして好調なのだ。

男性社員に対しては、配置後も現場で詳細に教え込むのに、多くの会社で女性の教育を疎かにしている。

女性は教育によって有能な戦力にも、会社の顔にもなる。

通信販売は、たった一行のコピー、たった一枚の写真で売れたり売れなかったりする。

これまでやったことのない販売方法を採り入れて、まったく新しい売上を創り出そうと狙う時に、まず、気軽に手掛けるのが〝通信販売〟である。しかし、それだけにこの販売方法に失敗する会社が多い。

通信販売は投下資金が安くて済むし、簡単な方法だと思い込んでいる社長も多い。ところが、いざやってみると、これが案外に金がかかる。手間のわりには効果が上がらない。途中で挫折するケースがほとんどなのだ。そんなに甘くはないし、他の販売方法以上に数々の成功のためのノウハウが要求される。

通信販売で大を成した「ベネッセ」「ＤＨＣ」「ファンケル」「カタログ

ハウス」「ミスミ」…等々は、どの会社も個性的で他社にはないノウハウを数多く持っているところばかりである。通信販売は個性こそ成功の決め手なのだ。

商品は優れていなければならない。粗悪であれば返品の山になるし、一度信頼を裏切ったら二度と買ってもらえない。

しかも、カタログやチラシの作り方いかんが売上を左右する。たった一行のコピー、たった一枚の写真で売れたり売れなかったりする。お客様は原則的に文章を読んでくれない。だから、キャッチコピーや、タレント選びや、商品見本の写真が生死を決するのだ。感性が鈍い企画は駄目なのだ。

また、誰に売るか対象を明確にしていなければロスが多くなる。男か女か、年齢は、職業や地位はどうか、どこに住んでいるのか、法人なのか個人なのか…ムダなリストでダイレクトメールを幾万通出しても反応は無い。指導では、顧客カードや見込客カードを最初に作ってもらうことにしている。顧客カードもないような会社は、通信販売やイベント販促をやろうとしても成功しない。これからは通信販売に限らず、顧客カードこそ繁栄の決め手なのであるから。

選んだ顧客にピッタリと合致した商品を、その時期に、その場所で、その値段で、訴求を込めたコピーや写真で、ドカーンと爆発させなければならない。

DM、カタログ、チラシ…通信販売は、これからの有望な販売方法である。

下手なカタログやチラシは、一〇〇万通出しても一つも申し込みはない。しかし、上手なカタログやチラシなら、一〇〇通出しても一〇〇を超える申し込みを得るものだ。一〇〇かゼロか、なのである。

資金繰りと資金調達のポイント…会社は原則的に借金では倒れない。倒れるのは、手形を不渡りにしたときである。

一、経常利益を出し続けること

経常利益で正常先かどうか格付けされる。出せない会社は返済能力がないと見なされ、金融機関は融資をしない。

一、担保力をつけること

差し出す担保がなければ、カネを借りられない。当たり前だ。

一、売上増大を計ること

業績良好の証。成長性の大要素、増客を計ること。

一、多行主義に切り替えること

取引銀行を選ぶ。一行主義ではなく、二、三行主義でいく。銀行相互の金利差、自社へのサービス度、経営状況を見ること。

一、借金のメドを知っておくこと

年商の三分の一を超えない方針でいく。

一、資金繰り表を細かく作ること

毎月、三カ月ごと、半年ごと、一年先までの資金繰り表を、必ず作ること。また、部門別、支店や営業所別にも作る。

一、変動費を大幅ダウンさせること

外注費、原材料費、仕入れ、在庫などを大幅に削減する。

一、固定費を削減すること

各科目を検討する。アウトソーシングや実力主義も導入する。

一、回収を早めること

立て替えの多い会社は、回収を十日でも一カ月でも早める。

受取手形に注意。

一、支払いを遅らせること

回収との差が資金余裕を生む。時間差は大事。支払手形に注意。

一、銀行と相談し、返済をリスケジューリングすること

元金返済を一時停止したり、利息だけを支払うようにする。

一、新たな借金をすること

銀行、公的融資機関の利用を図る。多くの役所は各種の融資の受け付けを、四半期ごとにやっている。

一、増資をすること

第三者に割り当てる時は、必ず、持ち株の比率を忘れない。

一、社債を発行すること

中小企業は監査法人と相談すること。五〇〇〇万円以下で、償還の時期等を決める。

一、資産を売却すること

小資産は問題ないが、大資産はいよいよの場合の手当て。特に個人資産は問題。

社長の多くは数字嫌いであるが、今は、数字が大事な時期である。しかも、資金繰りや調達が大事だから、重点留意事項だけを書いてみた。チェックして欲しい。

会社にはさまざまな場所があって、適材が配置されて初めて人が活きる。

職業柄、たくさんの社長たちに会ってきたが、創業経営者には、いわゆる学校の優等生がいなかった。本当である。勉強ばかりしてきた人は、社会性に乏しく、創業にはほとんど不向きだったのであろう。また、事業には臆病はとても適さない。成算が五割もあれば何がなんでもやり貫くという乱暴な野性味や冒険心が必須なのだ。勉強ばかりでは、こういう大事な要素が育たない。

創業して成功する人は、大概、学校の成績は上の下か、中の上という人が多い。本来、そのくらいの成績の人こそ経営者には適材である。上にも下にも通じているからだ。

昔から、餓鬼大将だった人が、社会に出て大きな仕事をしている。ただ、餓鬼大将でも、腕力だけできた人は粗野で人を使うことには向かない。人の上に立つ者は、情に厚いことも、見識に富んでいることも、そして頭が本質的に良いことも欠かせないことを伝えている。

このように、実社会は学校時代に優等生であったとしても、それだけでは誇るに足りないようになっている。事務方を人材だとする官庁と異なって、売上や利益が学校の成績順に上がることはないからである。民間にはさまざまな場所があって、適材が配置されて初めて人が活きることを肝に銘じていなければならない。無駄な人の使い方をしないことだ。

ヒラメキのある人には企画を担当させる。人との応接が巧みな人は営業をやらせる。物作りの好きな人には商品開発が向くし、真面目で口数の少ない人には経理が適役なのだ。

このような考えが基本にならなければ、適材適所は不可能だ。部下の性格を良く見極め、力を発揮できる場所にまず、配置することが人を活かす大原則である。間違わないことだ。適材を使用しないと、家屋でも倒壊してしまう。

組織の中では、人使いの上手な人は人を使い、人に使われることが安心な人は人に使われた方が幸せでもある。

事業で最も活力のある創業期を考えると、ピラミッド型ではなく、必ずフラット型であった。

組織で、個人個人のダイナミズムが最も高く発揮されるのは、七名から一五名程度の小グループである。

動態力学上で、こういう編成が最適であることを、戦争における統率の科学として証明しているほどである。

しかし、日本企業の組織は、あまりにも科学がない。大きくなればなるほどピラミッドのような型にはまってしまっている。中小企業は、大企業の組織を見て、それを手本にしてしまっている。しかも、そのことが、どれほど組織全体の活力を奪っているか、何ら疑問を感じていない節《ふし》さえあるのだ。よく考えるべきだ。

事業で最も活力のある創業期を考えると、ピラミッド型ではなく、必ずフラット型であったはずだ。可能な限り全社員を一フロアに集め、社長が真ん中に陣取って指揮をしていたはずである。フラットの典型である。

今日でも、先端的な成長会社は、社長が組織全体の動きを把握したり、的確な情報を早くキャッチしたり、誤りなく部下に指示し、素早く動かすために、社長が、真ん中に陣取ることをしている。資本主義の権化に徹し、戦うのに強く有利な組織だと知っているからだ。

ピラミッド型は、伝達一つとっても、上からも下からも歪んで伝わることが多い。また、社員も全体把握ができず、流れの一部分や専門しか分からないようになってしまう。当然、危機には弱いし、社長には動かしにくい組織だということになる。欠点が多いのだ。こういう考え方では、組織の活性化はできない。

また、組織を三つにも四つにも、時には、二〇にも細分化し、それを独立採算にして業績を上げている会社も結構多い。小集団にすると良く把握できるし、リードしやすい。さらに、社内分社で、多くの分社社長を作ることで、全員がやる気を起こす。分社は、商品別や、地域別、得意先別、テーマ別に分け、しかも、売上・利益の最適規模を考えて実施する。つまり、どの規模が一番儲かるかを、分社戦略の第一としている。

組織は、創業の頃はダイナミックである。目が届くからだ。その組織が、徐々に肥大化し、力を発揮できなくなる。それが自然であるから、我々は、意識して、必然としてフラットに、しかも少数精鋭に改革すべきである。

これからは、有能な中高年の採用が大きな活路となる。

大企業にいた技術系の中高年人材を二人採用し、工場に配置したところ、二人に付けた部下たちが、この一年間に急に経営意識を持ちはじめた。これまでまったくなかったことだけに、その豹変ぶりが嬉しい。

まず、採算意識が高まって、さまざまなロスや失敗に対し〝儲けを損なう〟と自分たちから言うようになった。驚いている。

ライバルへの対抗意識、品質追求意識、納期厳守意識などから、昨今では、これまでの計画を自発的に改善するほどだ。外の血は入れるものだ。自分の会社になかったものが入ってくる。これは、静岡の防犯機器メーカーの社長が相談の合間にされた近況報告である。

次の日、今度は東京の商社の社長がこんな体験を話してくれた。

一年前に銀行の支店長経験を持つ人材を得た。この人を最初は金融機関対応の経理に配置した。しばらく仕事振りを見ていると、いかにも経理以外に適役がある。何しろ顔が広いのだ。そこで半年ほどで営業にまわってもらった。この人は、物怖じはまったくしない。相手かまわず、所かまわず商談に行く。規模の大小も、官庁も民間も、相手の役も職もへっちゃらである。銀行時代の金の貸借で厚顔が地に着いたのかと思う。

この人のおかげで全営業マンが言い訳無用になり、喝を入れられてしまった。こういう人を、あと二、三人欲しいものだ。

外には、我が社が欲しい人材がいっぱいだ。

今は長寿社会であるから、中高年はみんな若々しくて、元気がいい。即戦力である。教育の必要も少なく、むしろ逆に教えてもらうことが数多い。

総合的にも専門分野にも通じた人材も多い。人脈が太い人も技術レベルが高い人もいる。良いことばかり多い。それなのに、千里の馬も伯楽の一顧に逢わずである。

これからは中高年の求人は大きな活路である。新卒者を求人するのと同じように努力をし、まず、通年で募集活動をすべきである。

人事制度を新設し、契約で雇用するシステムを確立してもらいたい。給与も個人の体力気力に応じてスローダウンの基準線を自社向きに作って欲しい。診ているとと意外にできていない。

評判の良い会社と悪い会社の差や、商品の売れる売れないの差は、アイデンティティの戦略的な差から生まれている。

アイデンティティとは、本来、他にない自分だけのもの、他と見分ける身分証明のような個性を意味している。

流行っている会社では、社名でも、商品でも、時には、社長や社員の行動でも、看板やカタログでも、店や工場でも、出来るだけ良いイメージを感じさせ、しかも、他にない個性的なものを懸命に創り上げている。

評判の良い会社と悪い会社の差や、商品の売れる売れないの差は、こういうアイデンティティの戦略的な差から生まれている場合が多い。

評判の店、売れている商品は、社名やブランドや、それを印した袋を見ただけでも、お客様が列をなし、指名買いされている。

本物、正義、信頼、良心、人間らしさ、美しさ…を目指して、アイデンティティを確立してもらいたい。

ニセモノや、有名なものに類似した名前では、個性はおろか、長期的な視野を持っているとは言い難い。アイデンティティがない、没個性の会社である。社長が自分の会社の個性を創造し、完璧を目指さなければ、本当の繁栄は難しい。

また、個人にとっても、アイデンティティは大事である。

特に、社長にとって、イメージは大事な繁栄要素である。

会社にブランドがあり、レターヘッドの便箋があり、社名やマーク入りの封筒があるように、家庭や個人のブランドを作り、便箋や封筒や、時には衣類にまで、個性を上手に主張すべき立場にいる。会社でも、個人でも同じことである。

企業も、個人も、アングロサクソンの文明を最高だと信じ、少しずつ、いつの間にか自分自身の本来のものを失いかけている。価値観や哲学までも変えようとしている。長い繁栄のために「個性」を創り出すことを忘れないで欲しいものだ。

義理を欠かさないこと。義理は世渡りの掟、情の掟である。

親友がとても儲かっているのを知って、それを詳しく聞き出し、まったくの同業を興し、その親友に「裏切り者」と言われてしまった社長がいる。心の痛む現実である。

こういう時は、今まで通り、仲良くやっていけるわけがない。「懐が深くない」とか「自由競争なのに」とか、どんなに屁理屈を言っても正義を感じない。美しさがないのだ。

最初、事を興す時に、大事な親友を失ってしまうことも、また、その親友を敵に回し、果ては天下に恥を晒《さら》しながら経営をしなければならないことも、すべてを覚悟して当たらなければならない。当然のことだ。

義理や人情を欠いたために、それが引き金になって、不買運動だ、出入り禁止だ、取引中止だと、ひどく怖い仕打ちを喰らい、困惑している社長の相談に乗ることがある。私の方が冷や汗をかく思いだ。深刻で、信用回復はとても難しい。なかでも、自らが義理や情を欠いておきながら、自分に有利な理屈を並べ、言いくるめる行為に出て、かえって不信を買うことが最も多く、事を拗《こじ》らせてしまっている。知っておくべきだ。

どんなことでも、どんな場合でも、原則的に理屈はつくのである。だから、理屈で言い訳してはならない。情を知らないと判断されてしまう。だいたい、人情の機微が分からない者は信用に値しない、という言葉さえある。

同業の友人の会社から、幹部社員を強引にスカウトしたので、ひどい奴だと仲間はずれにされている社長もいる。

先代からの仕入先とライバル関係に当たる会社が、特別安い商品を売りに来たので、二代目はそれを仕入れて、これまでの仕入先を「あそこは高い」と吹聴した。いくら得意先でも、二代目とは、生涯、付き合いはご免だと、突然、仕入先の方から取引を断られ、先代である会長と社長の確執の因になったこともある。

情は理屈では測れない。義理人情というが、義理は世渡りの掟、情の掟である。上手に、間違いなく世を渡るには「顔を立てる」「よく根回しする」「相手の状況を判断する」「人前で行わない」…こういう戒めが大事である。

上手に会議を開くこと。上役は会議の席で喋らないよう努力すべきだ。

いろいろな会社の会議に出るが、何といっても最悪なのは、上役が喋りすぎることである。

会社は、もともと身分制度や階級制度がどんな組織よりも明確に敷かれている。部下はほとんど上役の意志を否定することはできない。

その結果、上役はいつも部下に革命的な意見や提案を期待しておきながら、何も得るものがないような会議を開きがちだ。

こういう会議を長年、習慣的に続けている会社は、決まって部下がものを考える力を失っている。上役はいつも自分で決定しなくてはならない。

特に、企画会議や営業会議では、これまでと異なった意見や新しい実行提案が必要だというのに、全員の力を結集できなくなり、マンネリ化に陥る。

上役は会議の席で一回喋らない、一〇回喋らない、一〇〇回喋らないよう努力すべきだ。

また、会議には、必ず、上手な運営役を付けなければならない。ダラダラと長時間を費やすのは上手な運営役がいない場合が多い。わざわざ忙しい時間に会議を開くのも良いし、早朝会議も良い、開催日時を回覧するのもいい。こういう調整なども運営役に任せた方が良い。しかも、企画や営業は、運営役を総務に任せるのではなく、自前の部下の中から選出すべきだ。細かく現場が分からない者は不適格である。

時々、目的と遠く懸け離れた会議なども多いが、これも運営役の腕が悪いと起こることだ。

運営役は、資料を事前にまとめて、全参加者に配布したり、時には会議の予算権限を与えてもらう方がよい。

つまり、会議の効果を上げるために、責任の所在を明確にすべきである。会議で決まったことは必ず実行する。業績に関わる大事は運営役が上役に実行を促すことが必要だ。そのためには、会議の内容を記録し整理したものを、社長や幹部を含めた全参加者に配布すべきである。

会議の運営役は、ショートスピーチが上手でなければ務まらないし、文章力も要求される。人を選ぶべきである。

無名を有名にしたり、占有率を高めたりする普及価格の戦略は、経営者には欠かせない。

普及価格の戦略は、自分が売っている商品や、サービスや、店や、会社を一気に有名にしたり、市場占有率を急激に高める目的で、期間や地域や人員を限定して採る効果的な価格戦略である。

どんな売り物でも、まず、市場の一〇パーセント以上普及させなければ、そこで有名にはなれない。これが大原則である。

属する市場が大きくても小さくても、地方でも都会でも、業種や規模にも関係ない原則である。だから、一〇パーセントを「知名度の点」とも呼んでいる。

つまり、商品やサービスや売り物の普及や占有が一〇パーセント以下のものは、無名で、売りにくいのだ。一〇パーセント以下を「不安定の点」と呼ぶほどである。

そこが興亡の生命線なのに、経営者は一〇パーセントの達成法を、残念ながら、案外知らない。

大衆的な中華料理のチェーンを五〇店も展開するO社は、新しい店舗開店の際に、たとえ、そこが五〇席しかない小さな店でも、五〇〇食とか、一〇〇〇食もの、大量の無料食券を商圏に配布する。そうなると、開店と同時に、お客様が列をなして怒濤のように押し寄せてくる。

ほとんど全員が無料の人、人、人でごった返す。無料券の期間は二週間で切れる。しかし、お客様の数は、その後も、長く減らないのだ。

また、Sハウスでは、二年間展示したモデルハウスを六〇〇万円台で売ると商圏に広告する。七〇坪ほどの家だから格別に安い。押しかけたお客様に、たった一棟を売るわけだから、当然、抽選になる。お客様は全員が欲しい人ばかりであり、Ｓハウスのアンケートにも真剣になって答える。住所、氏名はおろか、現在住んでいる家、その間取り、家族構成、勤務先、年収…すべてに丁寧に解答する。商圏の中の一〇〇〇組も二〇〇〇組もの見込客の詳しいデータを、こうして一網打尽に手に入れている。

価格の決定は戦略的でなければならない。特に、無名を有名にしたり、占有率を着実に高めたり、多くの顧客を増大する普及価格の戦略は、経営者には欠かせない。

超低価格、無料、目玉、割引、特価など工夫して欲しい。また、勇気をもって取り組むべきだ。中途半端では成功しない。

儲けさせてくれない得意先を、新規の儲けさせてくれる得意先と入れ替えて、質の充実を計る。

新規得意先の開拓や新商品の開発を、単に売上を増大させる目的だけで行っている会社は、少し考えなければならない。

本来の目的の半分しか達成していないからである。

東北のOJ電子部品メーカーは、得意先からの受注減少で、売上が二割、三割、遂には五割ダウンという状態に陥った。

この危機を救うために、二つの方策が検討された。

一つは、消極策で、人員を減らし、売上や粗利益の規模に経営規模を合わせていく、つまり、縮小均衡で踊り場を設けるという策だ。もう一つは、積極策で、得意先を増やし、売上増大を計ることだ。

ＯＪ社は、綿密な検討の末に、積極策を採ることにした。その最大の理由は、「開拓できる地域や業種が未だ残っている」ということであった。

そこで、これまで取引していた電子部品の大手メーカー以外に、自動車・電気・情報機器・ゲーム機などの業種を付け加えて、開拓にかかることにした。九名しかいなかった営業マンを、工場から配置転換をして、一気に三〇名に増やした。

摩擦も起こったが、一年経ち、二年経ち、三年経って効果が顕著に出てきた。お客様の数は倍増し、売上も倍増した。残業、残業、パート募集が続いた。工場長をはじめ、役員も、営業も、総務や銀行まで設備投資や人員募集を強く社長に要請し、提案した。

しかし、社長は、「経営は規模よりも質だ」という思想の人であった。

ある朝、全員を集めた社長が、「自分たちの会社は、得意先の上位数社で、売上や粗利益の八割もまかなっている。この際、あまり儲けさせてくれない得意先を断って、新規の儲けさせてくれる得意先と入れ替えることにする」と発表した。全社員が一瞬、水を打ったように静まり返ったという。

それから一年経って、三割の得意先の入れ替えが済んで、会社は見違えるほど高収益に変身している。

新規得意先の開拓も、ヒット商品の開発も、新事業への参入ですら、売上の増大という目的の他に、質の充実を計るために行い続けるものである。

事業は、いわば全部がベンチャーである。本来からの経営手腕が評価される時代に移ってきた。

日本では長い間、ベンチャービジネスが育ちにくいと言われてきた。それが昨今、大いに変わってきた。

ベンチャーが育ちにくい大きな要因は、資金調達の問題である。アイディアが良くても、人材が数多くいても、事業化するには、資金こそ不可欠の大要素である。多くのベンチャーは、初期段階で、この金の問題にぶつかっている。創業段階から金や資産が満足にある方が珍しい。

資金がなければ銀行へ借金に行く。ところが、日本の銀行は欧米の銀行と異なって、資産のない、おまけに歴史も短いベンチャー事業に金を貸さない。銀行は必ず、リスクヘッジに土地・不動産を担保にとって金を貸し付けるシステムになっている。特に、ソフトを売るベンチャー等は、もともと自前の土地が不必要であるから資産形成がしにくい。

そこで、せっかくの成長の機会を失うよりは、ベンチャーキャピタルに株式を売って資金を調達する経営者も多い。

これは、資本政策上、最も注意すべきことである。借金をすることと、株式を売って資金調達することは、まったく異種異質のことだという認識が薄い経営者がいる。

まず、借金は返済さえすれば関係を断つことも可能だし、支配されることもない。しかし、株式は所有権を伴い、比率によっては支配もされてしまう。この当たり前のことが、分かっていないので、悔しい、腹立たしい事態に悩む。

ベンチャー事業が業績を伸ばすと、株の所有者はその事業が欲しくなる。

それが人間である。人生を賭して興した自分の事業を資本で支配され、経営者が追い出される。「もうたくさんだ」と思うほど、同じことを見てきた。人生の分からない、美学のない資本家が結構多いのだ。

ベンチャーの経営者は注意して人を見なさい。また、資本とはそういう冷徹なものだと知っておくべきである。

昨今、銀行は変わった。担保の土地や不動産が無くても、経常利益を順調に増加させているベンチャーには金を貸すのだ。こういう会社が返済能力を持っていることにやっと気が付いて、欧米型になりつつあるわけだ。土地本位制が経常利益本位制にシフトしたのである。

事業はいわば全部がベンチャーである。本来からの経営手腕の時代に移ってきたのだ。

富を望み、幸福と隆昌を子孫に残そうと念願するならば、家庭の和こそ基本である。

「和順中に積んで、英華外に発す」と、「礼記」の中にあるが、家の内が不調和であれば、良い仕事など出来るはずがない。

ある時、東北電子専門学校を苦心の末に創業した立志伝の経営者、持丸寛二氏が「ミカンの話」をしてくれたことがある。

あれは五月頃の日曜日だった。冬の小蜜柑が五月にはあるはずもないのに、「おいしいミカンを食べたいなあ」と、新聞をよみながらふとつぶやいた。すると、すぐ傍で針仕事をしていた女房が、どこからともなく、その無いはずの小蜜柑を持ってきて、手の平に乗せてくれた。

「おいしいなあ、おいしいな」と食べながら、女房の方を見ると皺が寄ったり、腐ったような蜜柑を食べていた。

その日の夕方の食卓でも、自分の皿にはお頭付きの魚が乗っているのに、女房の皿には尻尾の切身しか乗っていないのに気が付いた。

それからというものは、注意して見ていると、今まで自分は何の気なしにノリの効いたワイシャツを毎日毎日、着替えて出掛けるのに、女房は、時には針でつくろった下着を着ていたことを知った。

「ああ、俺はコイツがいたから良い仕事ができたんだ」と、つくづく感じた。

それからは女房にやさしくなったし、余計に良い仕事ができるようになったと思う。

家内和睦が図れないために、会社が衰えたり、信用を失墜し、なかには破産の極みに至る事態をたくさん見てきた。富を望み、幸福と隆昌を子孫に残そうと念願するならば、まず、家庭の和こそ基本である。一家の長ならば、自分以外の家族の一人ひとりにやさしい心を持つことがまず一番大事だ。

本当の強さはやさしさであり、強くないとやさしくはできない。

優れた工夫や、知恵や、戦略は、永く、集中して目的意識を持っていないと生まれない。

物事は、大事であればあるほど、強い達成の目的意識がなければ成就できない。

「一つのことを、永く、持続して、集中的に念じ込む」ことからしか生まれないことが多いからだ。

意識を集中していれば、人間誰でも、ほんの少しのヒントですぐ理解できることが多い。見るもの、聞くもの、すべてが血肉となって活かせるものである。窮地を脱するすばらしい戦略や、工夫や、知恵は、いつでもそういう目的意識を集中している人からしか生まれない。ほとんど、人の才能の差は意識の差である。

また、物事の良し悪しも、価値のあるものかないものかも、集中していれば判断を誤ることが少ない。

苦労して開発した新商品の名前を、いざ会社を挙げて付けることになった時に、誰よりも良い名前を考え出したのは、当の担当者だったという経験が私には多い。

どうしても売りたいという強い目的意識が、頭の中にこびりついているというだけで、最高の名前が決まってしまうのだ。電車の中でも、歩いていても、食卓についていても、眠っていても、広告にも、新聞にも、人の話にも、夢にも、目的意識がついていったというのだ。集中していたのだ。

しかし、こういう人とは逆に、自分の担当している部門の業績回復に自分の案を持たず、答えを社長にお伺いにくるという幹部が結構多いことも知っている。情けないことだ。

こういう幹部にはいくら説いても甲斐がない。たとえ、社長が指示したことで業績が回復しても、自分で考えたことでないと、「喉元過ぎれば熱さを忘れる」の通り、幾度も同じ失敗を繰り返すことになる。意識がないのだ。

優れた工夫や、知恵や、戦略は、永く、集中して目的意識を持っていないと生まれない。

言葉も、贈り物も、信頼を得るために存在する便利な伝達の道具である。

自分の意思を他人に伝える一番の道具は〝言葉〟であるが、私たちはその役目や効果の大きさに気が付いていない。

特に、電話も、手紙も、意思を伝える身近かで便利な道具なのに、私自身もその使い方が下手で失敗し、上手な使い方に接しては時々反省させられている。

S社で、飛び抜けて営業成績を上げ続ける佐藤信司さんは、会えば必ず手紙をくれる人である。文字は決してうまくはないが、丁寧な手書きである。心のこもった文章は疲れを癒してくれるので、幾度もらっても嬉しい。

尋ねてみたら、人に会えばその日のうちに、全員に礼状を書くのだという。

こういう営業マンには、ほとんどのライバルは適わない。

新規開拓に行ってお客様に苦労して会っても、大事なお客様に偶然に路上で会っても、手紙も書かないし、電話もしない。それが普通である。だから、佐藤さんの手紙の効果は大なのだ。

多くの場合、お客様に売りたい一心からあらん限りの手練手管を使う。結局、売れることは実に少ない。時には、その手練手管が、かえってマイナスに作用することさえ起こる。

本当の販売とは数多くの商品や、店や、営業マンの中から、お客様に、自分自身の意思で「これをこの人から買いたい」と選んでもらうことである。信頼を得なければ、決して選んでもらえない世界のことだ。

「手紙や電話は、たとえ初対面の人にも信頼を得ることができる便利で、身近かな道具である。その手紙や電話が出来ない人は、基本的に駄目だ」

と耳の痛い、真実の話をしてくれた。

佐藤さんの伝達の道具は、手紙や電話だけではない。お客様に、誕生日・お祝い・出産・入学のお祝い、病気見舞い、旅行のお土産も、政治家や官吏以外はみんな届ける。贈り物をもらって怒る人はいないからだ。

言葉も、贈り物も、他人に好かれるために存在する便利な伝達の道具である。

会長業と社長業について…花道は自分で飾れないし、人間は誰でも自然に年をとる。

社長業を次代に譲り、会長職に就く時に注意すべきことは多い。

私は、経営指導の一環としてどんな大企業でも中小企業でも、「事業発展計画書」を作成してもらうことにしているが、これを後継の便利な道具として使うことも少なくない。

長期戦略と経営の大方針や理念については、新旧交代して約五年間は、長い間、事業発展計画書を社長として作成し、発表してきた会長が、引き続き書いた方が良い。一方、新任社長は短期戦略や戦術、目標設定や達成のやり方に腐心すべきなのだ。つまり、会長業と社長業を上手に分業分担することを薦めたい。これが第一の注意事項である。

後継社長が自分の経営を急ぎすぎて失敗することも多いし、また、会長を立てることを忘れたり、人間の本来の精神が出て威張ったり、贅沢を求めたりしがちだからである。この五年間はいろいろな意味で含蓄のある年限だと思う。会社によっては社内分社をして、社長に就く人物の手腕、力量、人格を確認したりもするほどである。

第二に、五年が過ぎたら、会長は政治的な動きに集中し、実務は社長に任せていくことが肝腎である。

社長は実務処理能力を高め、会長に要所要所を報告すべきである。報告をしないと、必ず、会長は社長の頭上を越えて、直接に幹部から情報を得るようになり、やがて頭が二つある状態になって社長が辞めさせられる。

よくある事実であるが、会長が、業績の悪化に我慢ができず、社長を飛び越して自ら取締役に返り咲き、業績を回復させてしまう。以後、社長の信用と手腕の失墜は生涯続くことになり、他人は社長を飾りだと嗤《わら》っていた。不幸で短慮な出来事だ。会長自身の手腕さえ問われる布陣だということだ。

長命で、九十歳を超え、百歳にも手が届くような人によく接するが、こういう人は、何か最後まで仕事を持っている。家庭の仕事の分担でも、会社の仕事の分担でも、国の仕事の分担でもよい。社長は、先代である会長が分担したものをある種の慈愛で認めてあげる度量が必要なのだ。

花道は自分で飾れないし、人間は誰でも自然に年をとる。

「作り上手の売り下手」…買う側を無視して開発されたものは、単なるものや製品であって、決して商品とは言わない。

昨今、新商品の〝売り方〟が分からないので教えてくれ、という相談が急に多くなった。

これまでの商品の収益性が落ちたり、競争力が低下してきたので、新たな収益の柱を創り出すことにチャレンジしている経営者が増えてきたわけである。

しかし、「作り上手の売り下手」で、概して、開発の前段階の考え方が間違っているために、〝売り〟に窮するケースが後を絶たない。作るだけなら誰にでも出来ることだ。

また、作る段階で、品質や、コストや、原材料や、納期や、工程や、標準時間…と、大袈裟に騒ぐ経営者にも会うが、そんなことはどうでもいいことである。そんなことがどんなにすばらしくても、買う側を無視して開発されたものは、単なるものや製品であって、決して商品とは言わないし、果ては売ることに困ることになる。

商品開発の前段階で最も大切なことは、まず、「用途があるか、ないか」である。用途から入るべきことの重大さが分かっていない。

(1)用途　(2)マーケットサイズと参入検討　(3)対象をくること　(4)製品化・原材料・コスト・品質・納期など、買う側に合わせて作る研究　(5)担当社員・予算・軌道に乗せる期間　(6)テストマーケティング　(7)販売方法や販売ネットワークの選定　(8)ライバル対策　(9)名前・デザインの選定　(10)価格戦略と値段の決定　(11)販売計画と販促企画　(12)広告・イベント企

画　⒀販売数量の伸長と採算計画　⒁担当社員の増減と教育　⒂回収　⒃継続か否かの検討

実際に、作り上手の売り下手が多すぎる。作るよりも仕入れた方が良い場合さえあるし、品質が高いものよりも低いものが良く売れたり、同じ物でもネーミングの妙だけで大ヒットすることも多い。

経営者は、作ることよりも、売ることを主体に発想し、スタートする前に、先に挙げた箇条の項目を検討して欲しい。

目標と実績の差を回復させる急場の策として、5つの大切な手の打ち方がある。

どうしても、必要で、達成すべき売上や粗利益の目標額を明示したにもかかわらず、実績では大幅に目標割れした場合、経営者として一体どうすべきか、その手の打ち方の実務に乏しい社長が多い。

当然、落ち込んだ差額の的確な回復策を指示することは、経営者以外の誰の役目でもない。平時はともかく、非常時を脱出する儲かる方向性を決定し、社員にその方向で行動してもらうのが経営者の仕事である。

だから、経営者として、業績の急激な回復だけを目的に〝速効性の高いイベント〟を行うことなどは、特に、大事な第一番目の指示だと言える。

イベントを企画し、販売代理店の社長や最終ユーザーを大勢集め、その場で、販売代理店として「売上をどういう方法で伸ばすか」、最終ユーザーには「この商品がいかに他と比べて優れているか」ということを、講師や場所を厳選し、実務で具体的な指導やデモを行う。

通常の販売促進や新規開拓では、結果が出るまで半年も一年も時間がかかる。だから、速効的なイベントを開き、上得意先と一緒に見込得意先を大勢招くのだ。それが目的である。通常はなかなか会えない相手にその場で会え、商談が親しくできる。私が指導している、いずれの会社も、このイベントだけで、売上の急激な回復が起こっている。

経営者が、目標と実績の差や業績を回復させる急場の策として、大切な着眼点がある。

●速効性の高いイベントを開く

●全社員一丸での新規顧客開拓を進める
●広範な見込客名簿を集め、地域限定でＤＭや訪販の絨毯攻撃をする
●現商品のデザインや性能をアップし、新商品として発売する
●過去の売上ベストテンをもう一度見直して販売する

多くの会社で、月末や年度末になると売上や利益の帳尻を合わせてきた。途中は全員が弛んでいて、末になると急に力を入れて回復させるというパターンが、今では効かない環境になっている。また、社員の報告が遅れて、社長の打つ手が後手にもなっている。

経営者として、目標と実績の差を早く摑んで、埋める努力を願いたい。

私たちは、まだまだ、やり残していることが多い。「あなたの会社からしか買わない」と、言ってもらうことに命を懸けるべきだ。

〝ひいきの店〟の多くは、〝名前を呼んでくれる店〟である。

他のお客様と差別化して、自分だけに親切にしてくれることほど、プライドをくすぐることはない。社会的に地位が高いお客様ほどこの傾向が強い。

事業という事業はすべて客商売であり、お客様のいない商売など存在しないのであるが、特に、直接お客様に接する商売の繁盛の秘訣は、〝お客様の名前を覚えて呼ぶこと〟から始まる。素朴で、金のかからない、最高のもてなしだ。二度目に行って名前を呼ばれたら、一遍にひいきになる。

関与先の中に、いつも感心させられる家電の小売店がある。ここには大資本の小売店でもかなわない。第一級の繁盛店である。

顧客台帳一つをとっても、同業他社とはだいぶ異なる。顧客の氏名・住所・電話・年齢・職業・家族構成程度を調べて記載しているのが普通の同業だ。少し戦略的なライバルは、これに加えて、顧客の趣味嗜好・購買動機・購買頻度などをデータベース化している。

しかし、この小売店はもっとすごい。商圏の一戸一戸が保有している家電商品の台帳を作っているのだ。たとえば、A様宅にはテレビが三台ある。何年型・何インチ・ビデオやデジタル放送の可否・具合の良し悪しが調べてある。もちろん、冷蔵庫・クーラー・レンジ…等々と、あらゆる家電商品についても詳細が記載されている。さらに、保有していない商品のことまで、データベースが作られている。

この小売店は、データを収集するのにさまざまな努力をしている。夜中でも電話をもらえば、どんな小さなことでも修理に伺うことを、商圏のお客様に約束している。「蛍光灯が息をついている」、なかには「ブレーカーが落ちた」などという単純なものもあるという。一戸一戸の家電商品台帳は、こういう努力の結晶から成っている。

私たちは、まだまだ、やり残していることが多い。「あなたの会社からしか買わない」と、言ってもらうことに命を懸けてみたい。

イベントがどれほど新規顧客の開拓や売上急増に効果的であるか、論をまたない。

イベントが業績の大挽回につながる現実をたびたび観てきた。練りに練って仕掛けたイベントの即効的な反応を、この眼で観るのは実に楽しみなことである。

内装金具メーカーのT社は、得意先である全国の工事店に対し、〃金具や内装に関するアイディア〃を募集した。一等賞金一〇〇万円、二等以下も賞金や賞品を豪華に揃えた大イベントである。得意先用のポスターや回覧用手紙の準備に、万全の注意を払った。

このイベントでT社は、社内の商品開発部門では到底考えられないほどの、数々のアイディアを応募作品から手に入れたのである。そのうえ、この機を境に、アイディアを提供してくれた得意先や受賞した得意先のほとんどが、「私たちの社員にも励みになった」と言って、T社のライバルを廃し、盛んに取引を増やしてくれたのだ。イベントのお陰である。

A衣裳は俳優を使って次々に衣裳を着せ、模擬結婚式を行った。衣裳の展示コーナーには人の列ができて、式場も衣裳も来春まで予約で埋まってしまった。

二月十四日のバレンタインデーにチョコレートを贈るという風習は、メリーチョコレートの原邦生社長が発案し、日本中に広めた継続性のあるイベントだ。男と女がこの世にいる限り百年、二百年も続くと想う。

イベントがどれほど新規顧客の開拓や売上急増に効果的であるか、論をまたない。

社長や幹部は、イベントを真剣に考えるべきだ。

創立記念日のない会社などない。しかし、それすら、十年に一度とか五年に一度というのが通常だ。毎年、一カ月間、イベントを行っても意味がある。創立記念感謝セールでもよい。

一年は春夏秋冬だ。十二カ月があり、五十二週間から成り立っている。四季のイベント、弥生・卯月・皐月…と毎月のイベントを工夫し、五十二週間イベントを開いて大繁盛している会社もあるのに。

激しい競争に勝つ圧倒的な力は、〝ライバルとの差別化や独自性を主張すること〟から生まれる。その原動力になるのは「企画力」が一番手である。

昨今の状況の中で強い会社は、販売企画や商品企画に優れているところが多い。

何といっても、激しい競争に圧倒的に勝つには、〝ライバルとの差別化や独自性を主張することだ〟。その原動力になるのは「企画力」が一番手である。

一〇〇円ショップが引っ張りだこなのは、大勢の衝動買いをするお客様を集めることができるからだ。デパートなど高い建物では最上階にその売場を設け、平面店では一番奥に売場を作ると良い。集まったお客様は、シャワー現象を起こし、デパートでは下の階へ、下の階へと降りて買い物をされるし、平面店では奥から中、出入口へとお客様の流れができて、全体が潤うことになる。

こういう販売企画は、いつでも、ものの道理の応用なので、知っているのと知らないのでは業績に大差が付いてしまう。

数多くの一流住宅メーカーが出店をしているモデルハウス展示場に、一切展示をしないで、独自路線を開き、大繁盛している住宅会社もある。だいたい住宅展示場は、文字通り、同業者が軒を連ねて、競い合っている場所である。こんなところにモデルをつくって常設で展示すること自体、既におかしな話である。何の不自然さも感じない住宅会社の社長も社員も感性が鈍い。一〇〇人の来客があっても、二〇棟の中の一棟が自社のものであれば、平均五人の来客があったことにしかならない。効率は極めて悪い。

だから、自前の展示場を設け、自社のモデルハウスだけを展示することにした。

ロードサイドに沿って長い土地を借り、坪単価ごとに和洋混ぜて一〇棟の展示場を作った。最初にチラシを配って三〇〇人ほどの来客があったが、全員が自社だけのお客様である。比べる家も、設備も、サービスも、値段も、ドアやキッチンに至るまで、すべて自社の商品だけであるから、成約率は驚異的に上がった。

世の中に不備・不足・欠点は数多い。値段にも、形にも、サービスにも、性能や機能に対しても数多い。ビジネスチャンスに恵まれていながら、それを逃がす人、確実に捉える人がいる。

資本主義は競争が原理である。勝ち残って富や幸福を築くためには、他と比べて優れていることが戦略課題である。その差別化は企画力の中から生まれ、企画力は人間の感性、特にヒラメキの中からしか生まれない。次代の繁栄を築くために、感性豊かな企画のできる人材を育てることが肝要である。

大切なことは、事態の予測ではなく、その事態に、取って置きの手を、打てるか打てないか、ということである。

事態の推移を予測することは、さほど難しいことではない。

売上が鈍化傾向だとか、利益減少だ、不振が長期化する、高額商品が売れない…こういう事態は、経営者であれば自分に関わることであるから、当然、予測できるはずである。

しかし、本当に大切なことは、事態の予測ではなく、その事態に、取って置きの手を、打てるか打てないか、ということである。これが最重要な課題である。

平穏で順風の時は、軽やかに経営しても良い。部下にすべてを任せていても組織は動くものだ。しかし、一朝ピンチに陥る不測の事態が起こった時に、真価を発揮できないリーダーは、本当に頼り甲斐がない。社長でも、役員でも、部門長であっても、ピンチに弱い者はリーダーとしての資格がない。

急激な売上減少の傾向を捉え、「今年は、例年の二倍の新規得意先の開拓を行う」という、取って置きのスローガンを掲げ、見事に、半期で三割も売上をアップさせた機械工具問屋がある。

高額商品が売れなければ、安く売っても儲かるように、大幅なコストダウンにチャレンジするという、取って置きの手を打たなければならない。今までの「一〇分の一でつくる」「半額で仕入れる」「完全無人化する」「在庫ゼロ」「超身軽にする」…など、抜本の対応がなければ、利益の大幅増加は望めない。

経営は手品でも、何でもない。

最悪の事態を招く前に、変革し改良しなければ生き残れない。いつまでも固定して経営できたら、リーダーは不要である。

業績の悪い会社のほとんどは、自由競争の中で、顧客や世間に不必要と見なされた会社である。市場は、さまざまな理由で、さまざまな事態をつくり、不必要な会社をはじき出して、自然に浄化しようと作用するのだ。

社長も幹部も、そういう弱い会社にならないように、取って置きの手を考え、ピンチに強いと言われるようになって欲しい。

全社に〝勢い〟を漲らせるのは、リーダーの大事な役目である。

チームプレーにとって〝勢いがある〟ということは欠かせない。偉大なる勝因の一つである。

サッカーでも、野球でも、実力をはるかに超えて勝ち続けるチームには、負けるわけがない、と信じ込んで戦っている選手たちが大勢いるものだ。たとえ、どんなに劣勢に陥っても、いつか引っ繰り返してやるぞ、と深く思い込んでいる。そして、本当に、その通りに勝ってしまう。

もともと、組織とは、個が動かす衆の力学である。衆に勢いがあるかないかは、個の力量によるところが多い。

自動車の専用ボルトを製造しているS社は、継続して業績が良い。好調の最大の要因は、S社の社内情報システムにある。

約九〇台保有している端末機器のうち六九台を生産ラインに設置している。社員は、今、自分が作っているボルトが、売上や粗利益にどう貢献しているか、瞬時に、しかも絶えず端末モニターで捉えることができるわけだ。だから、少しでも多くボルトを作りたいと願い、少しでも多くの成果配分を得たいと努力するのだ。

在来工法の住宅で躍進しているHNハウスの社長室の壁には、社員の顔写真がところ狭しと張ってある。各地の営業所で働いている社員の顔やエピソードを社長がしっかり覚えて出張をする。社長は社員の名前を呼び、時には家庭のことまで話を及ばせる。経営を良くやっているな、と思う。

こういうご時勢になると、経営の上手下手が目立つものだ。特に、勢い

をつけることは、極めて人為的であり、野球の監督と同様に、個としての

リーダーの力量を問われる。

組織に勢いをつけるためには、表彰制度を新設したり、目標の徹底を図ったり、時には、奨励給を導入したり、数々のインセンティブがある。しかし、いずれも、実効を上げるという視点で検討しなければ意味がない。

人間には、目・舌・耳・鼻・皮膚といった五官が備わっている。そして、目を通して心に訴えたものほど持続性が高い。この視点が特に不足なのだ。だから、表彰制度でも、せっかく豪華な賞品を用意しながら、口で発表するだけになっている会社は、耳に伝わるだけだから実効が上がっていない。賞品を、現物や写真パネルで一年も前から展示すべきである。全員の目に訴えるのだ。全員がそれを獲得するために、絶えず奮起し、結果、実効が上がるものだ。

勢いをつけるのは、リーダーの大事な役目である。

メインバンクと仲良くしていない社長は、駄目である。

銀行は二行と付き合う方が良い。大きなメインと小さなサブというのが理に適《かな》って便利だ。

よく、一つの銀行だけに絞って苦労している社長を見る。

二行だと金利の比較も可能だし、さまざまな調査や資金調達にも使い分けができる。

環境の厳しい時勢には、肝腎の絞った一行に手の平を返されて死ぬほどの苦しい事態に陥ることさえ起こる。好調時には資金を一行に集中させて信用拡大を目論む得もあるが、リスクの回避には決してならない。

ある一部上場の優良企業Y社は、A都市銀行と絶対に取引をしない。それは、Y社がまだ小さくて発展途上の時代に、メイン銀行だったA行が、ピンチのY社を見捨てたからである。それ以来、感情の行き違いで取引を断って、三十年も経過してしまったのだ。それが今も続いている。双方の損失である。

もともと、銀行は手の平を返さなければ成り立たない商売だ。危ない会社に融資することを期待する方がムチャである。

社長は、いつでも自分を厳しく律して、業績を向上させ、担保力を付け、資金の順調な運用に努めるべきだ。

利益率が低下すれば金利負担が重荷にもなる。資産を売却しても借金を減らすべきか検討すべきである。経常利益を黒字にすることがまず最優先である。土地も株も、二倍出せばいつでもまた買い戻せるものだ。どんなに業績が悪くなっても、資産にしがみついて離せない人がいる。深みにはまる。

銀行と仲良くしていない社長は駄目である。

いつでも、事業の新しい計画や輝ける明日を築く戦略を伝えていなければ、銀行の協力は急には得られない。

事業には、〝最適〟を選ぶことが大事である。

事業経営は、おかしなもので、土地を要する事業を興す場合でも、土地を持っている人よりも、持っていない人の方が成功の確率が高い。

実際、土地を持っている人が、その土地を活かしてスーパーマーケットや、ホテルや、レストランや、スポーツクラブなどに莫大な投資を簡単に行い、オープンして二年も経たないのにうまくいかないと言って、よく相談に来られる。診れば赤字続きだというケースが結構多いのだ。

こういう方々は、概して土地を持っていたがために失敗した人である。

土地を持っていない人の場合、たとえば、スーパーマーケットをどうしてもやりたいという強い意志を持って相談に来られたら、最初から、最適地の選定が可能なのだ。

このスタートが雲泥の差を生む。大きなエリアの中で、ここぞと思える候補地を五カ所も六カ所も挙げてもらい、実際にテントを張って〝青空市〟を開いていただくのが常である。これから開設したい店のコンセプトと同じ商品構成で、給料日の次の土曜・日曜日の二日間、〝青空市〟を開けば、一番正確な判断ができるのだ。二週間前から、それぞれの場所の半径三キロ、五キロの商圏に、青空市のチラシを配布してもらう。

当然、最も人が多く集まった場所こそ、スーパーマーケットの最適地なのだ。その場所で開けば成功の確率が圧倒的に高い。

判断を誤らないための実務の知恵は大事である。

店を構える事業は、狙う商圏の広狭に関係なく、もしその商圏に大きな川が流れていたら、人々は対岸からわざわざ橋を渡って買いには来てくれないのだ。大きな道路も川の流れと同じである。公園や学校があれば、それだけ商圏人口が減ってしまう。商圏が欠けている状態なのだ。どうしてこんな場所に店をつくったんだ、と地団駄を踏むことが度々である。

事業には〝最適〟が大事である。

もし、最適でない土地を持っていたら、その土地に拘泥せず、等価交換をしても、買い換えてもいいのだ。

このことは、土地に限ってはいない。自社の技術に拘泥したり、販売ネットに拘泥したりして〝最適〟を逃しているのをよく診る。

第三章

事業経営に迷ったときに読む20の着眼点

旧態の大転換を図って、「好転反応」を仕掛ける。

社長が旧態の大転換を図ったり、新技術を導入したり、業績を新たに上げる起死回生の策を社員に発表した途端に、意に反して、混乱・障害・反発が起こったり、時には、キーになる人材に辞められたりする事態が生じる。

これらのことは、なかなか避けられない現実であるが、しかし、総じて良い方向への一時的な反応であることを、予め承知しておいてもらいたい。つまり、病気が治るときの好転現象に似ている。

公共投資が大ブレーキで、多くの建設業の社長に、生き残り策を尋ねられる昨今である。

新たなマーケットとして、民需を加えることこそ、回生の策として当然のことだが、肝腎の民需の思想を全員が分かっていないのだ。

老人ホームも、スポーツセンターも、ホテルも、病院も、学校も…どんな施設も、民需は有料で販売されるものだ。しかも、施主は、その建物の利用者、つまり顧客を獲得するのに、同業との間で激しく厳しい競争をしている。官にはそれがない。

民の仕事を受注する場合、造る施設や建物を、施主が販売していることを決して忘れてはならない。利用するお客様を開拓し、喜んで使っていただき、料金をもらい、売上や利益を上げなければならないし、それを目論んで建物は発注される。

予算を計上する官とは大違いで、直接、売上利益に結びつかないものは、どんなに安くても意味がないのだ。談合も、根回しも通用しない。当然である。

だから、「建物を運営して売上利益を伸ばすノウハウ」や「同業ライバルに対する競争戦略や戦術」「投下資金の回収のスピードや銀行への借入金交渉・返済計画」など、綿密な実務知識が必要だ。

策がないと、民需は受注できない。

社長が大転換を図ろうとするときに、一つでもいい、成功の実例を社員に体験させることである。お客様が実際に儲けられているのを見たときに《真実の好転反応》となる。

他人様の信用、他人様の顧客・施設・社員に頼って、大きく自社の売上を伸ばすのが、間接販売ネットである。

店や営業所を直営で開設すると、莫大な資金が寝てしまう。

つまり、土地も、建物も、敷金も、備品も…と、用意した資金が固定投資に使われてしまう。当然、運転資金を圧迫することになる。

そこで資金効率を考え、間接販売ネットをつくる。何せ、他人様の信用、他人様の顧客・施設・社員に頼って、自社の商品やサービスを売ってもらうのであるから、自分の力以上に大きく売上を伸ばすことができる。効果大なのだ。

これまで、倒産寸前の会社を再建するのに、この間接販売ネットの力を借りたことは幾度もある。また、業績が良い会社が、さらに業績を上げるレールを敷くために、間接販売ネットを築いたことも数多い。

自動車も、家電も、ファッションも、文具も、本も、食品も、ベッドもことごとく、その八割も九割もが間接販売の戦略を採っている。その力はすこぶる大なのである。

公文教育研究会は、算数という商品からスタートして、時代とともに、国語、社会、理科、英語を加え、しかも、生徒も当初と異なって、幼稚園児、小学生、中学生、高校生まで加え、さらにアメリカ、ヨーロッパ、アジアまで進出し、一万一〇〇〇教室を超えるほどの間接販売ネットを構築している。

もちろん、間接販売先を食べさせていくために科目を増やし、一科目の授業料も、当初の三〇〇〇円から六〇〇〇円まで上げている。価格は、間接販売先の死活問題につながる重大事である。価値に相応《ふさわ》しくないとお客様に通らない。それだけ、公文はすばらしい。

すべての小売店は、学校でも、お寺でも、デパートでも、喫茶店でも、ブティックでも…良い商品、優れたサービス、利益の出る売り物を待っている。

グローバリゼーションの中で、爆発的に売上を伸ばすために、社長は「作り上手の売り上手になる間接販売ネット」を、しっかりと勉強して欲しい。

この難しい時期に、方向性がバラバラだと、業績を伸ばしていくことはできない。朝礼こそ、一致団結を意図的に創り出す最高の武器である。

朝礼は、社員の業績向上心を鼓舞する最高の武器である。

売上・利益必達に対する執念、全社一丸体勢、仕事への問題意識と改善への意欲、お客様に喜ばれる挨拶や礼儀作法などを、短時間で凝縮して伝える唯一の機会だ。

朝礼が活気溢れている会社は、おしなべて業績が良い。業績が沈滞している会社には、朝礼の活用を強くお薦めしたい。社長は、朝礼を武器に、強い集団を積極的に作るべきである。

朝礼についての要点を列挙しておいたので、参考にして、大いに活用して欲しい。

1　週の初め、朝一番で行うこと

一般的に、月曜日に行うのがよい。前日までの休日気分を払拭し、「さあ、今週も全力投球で仕事に打ち込むぞ」という意気を吹き込むことが第一番である。

2　目標と実績のズレを明確にし、必達の全社一丸体勢をつくる

朝礼の必須メニューとして、上長が売上・利益について、先週までの目標と実績のズレを報告し、併せて目標必達のための今週の重点対策を指示しなければならない。

3　短時間で元気よく行うこと

長くても十五分以内。ダラダラやらない。元気で明るい言行は、目や耳を通して全社員の脳を刺激して、身心にヤル気と活力を漲《みなぎ》らせる。

4　三分間スピーチを輪番制で全社員にやらせるとよい

三分間スピーチをやらせると、意思伝達能力が身につく。商売の原点は、相手に得を説く「説得力」にある。確実に意思を伝える訓練こそ大切である。

5　話題を豊富にすること

森羅万象のすべてが朝礼の話題。哲学から音楽・美術・スポーツなどバラエティ豊かであればあるほど、朝礼が活気づき、社員の関心が高まる。

この難しい時期に、方向性がバラバラだったり、意見が分かれていたら、業績を伸ばしていくことはできない。

朝礼こそ、一致団結を人為的に、意図的に創り出す最高の機会であり、最強の武器である。社長は、朝礼を積極的に仕掛けてもらいたい。

銀行からの融資条件が大きく変わってきた。変わりゆく融資の尺度を知っていなければ、手が打てない。

ここわずか数年の間に、銀行からの融資条件が大きく変わってきた。注意しなければならない。

長い間、銀行は、不動産を多く保有している企業を優良とみなし、モゲージして、その七掛けで融資をするという尺度を持っていた。

しかし、今は違う。バブルが崩壊した後、地価の下落と一緒に融資の尺度を失って、銀行の多くが右往左往したが、ようやく融資の新しい尺度を見つけ、本来からの銀行業務を推進するようになってきた。社長は、対銀行についてどうすべきか、知っておいてもらいたい。

まず、経常利益を出し続ける。

当然のことであるが、経常利益を出している会社は、借金の返済能力が根本的にあるわけだ。これから銀行は、それを診る。

粗い書き方であるが、経常利益の約五割は税負担となる。したがって、残った純利益は五割である。そこから、配当と役員賞与を出すことになるが、これをゼロとしても、最後に残った内部留保金を、さらに、返済金と資本への繰り入れに回す。返済金を五割、資本への繰り入れを五割としてみると、結局は、経常利益の四分の一が返済能力の限度となる。これを理解しておくことだ。

経常利益を出せない会社は、融資の対象外である。経常赤字では、一切、貸してくれない。

次に、一つひとつの事業活動の損益に対して融資をする、プロジェクト・ファイナンスが、昨今、増えてきた。

一つひとつの事業プロジェクトについて損益計画を分析し、粗利益や営業利益が十分であれば、融資を行うのだ。融資の利率は高い場合が多いが、銀行と企業が一体になってプロジェクトを推進するのであるから、それだけ成功の確率は高い。新しい融資スタイルの登場である。社長は、この変わりゆく融資の尺度を知っていなければ、手が打てない。

さらに、社債・事業独自のファンドといった新たな資金調達も加わってきた。公的な資金融資も、さまざまな官庁の窓口で数多く受け付けている。社長は、経理担当長に広範囲の指示をすべきである。

また、社長は、「事業発展計画書」を作成し、自社の繁栄と発展の工夫や、戦略を金融機関を招いて発表して欲しい。それが、融資の最大の決め手だ。

儲かる「脱下請」のすすめ…得意先を散らすこと、「強い売り物」を持つこと、完成品を作って仕掛けること。

今、多くの下請や受注事業は、発注先の中国化で、「生き死に」の苦悩の日々である。脱下請を良く捉えて、実行してもらいたい。

どんな会社でも、売上というものは、「値段」×「数量」である。

このことは、業種・業態に関係なく、不変である。「値段」とは、商品の価値を金額にしたものであるし、「数量」とは、お客様の数のことだ。

売上を決定している二大要素が、これほど明確であるのに、世の中には値段も数量も自分で決められない会社がある。経営は手品ではないのだから、それでは儲けられない。

実際に、下請や受注事業の多くは、見積書を取られ、値段を相手に決められてしまう。安価な中国との比較までされている。原則的に、安くなければ、受注できないように仕組まれている。「安く、安く」という戦いは、儲かることとは根本的に無縁である。儲かるわけがない。

さらに、短納期や厳しい品質を要求されたり、設備更新を言い渡されたり、それを理由に仕事を止められたりしている。まるで下請の宿命のような現実を、今、見ているのだ。

すべてが、発注先次第である。だから、発注先に隷属していかなければ、生きていけない。

この種の会社の戦略の第一番手は、得意先を散らすことである。数多くの得意先を開拓し、隷属化を防ぐことだ。

次に、強い提案力や企画力を身につけ、超性能や超コストダウンや超技術に取り組み、時には、工業所有権を取って、他社への発注が出来ないような戦略を採る必要がある。つまり、「強い売り物」を持つことだ。こういうことが下請の戦略であり、生きるための自己主張である。

現状では、ほとんどの下請や受注事業は苦しい。それは、商品が開発され、市場に出て末端の消費者に買われるまでの過程で、どうしても生産工程の一部しか担当していないからである。このことを理解していない。

すべての商品は、まず「何が売れるか」という大事な視点からスタートしている。白紙の状態からアイディアを収集し、モデルを作成し、テストする。ライバルの研究もやる。

売り方も、販売ネットも、そして、商品の名前も、値段も、数量も、絶えざるモデルチェンジも、商品追加も、自分自身で決定する。ほとんど五感や勘の発達と、調査や科学的な戦略の差で、売上も利益も決まってしまう世界だ。

下請や受注事業の社長には、このような感覚が不足している。完成品を作って売れば、自分の側に「値段も数量も」あることが、真から分かってはいない。大儲けできる体質への転換が分かっていない。「下請」の最大の欠点は、仕掛けるタイプの人が不在だということだ。

社長も役員も幹部も、「脱下請」を目指して、最終消費者まで仕掛けていくことを学んで欲しい。

お客様に、心底、好かれる「贈り物」は、最も効果的な販促の道具なのだ。

商売というものは、心底、お客様に好かれないと繁盛できない。どんなに弁舌が立っても、身だしなみが良くても、名刺の出し方が上手でも、販売方法が技術的にうまくても、お客様に強く信頼されたり、好かれなければ成功を勝ち取ることは出来ない。

私の知っている各社のトップ営業マンは、総じて、ハンサムではないし、スマートでも、弁舌さわやかでもない。それなのに、よく売っている。それは、どの人もお客様に好かれる信頼性を身につけているからである。強いて言えば、朴訥《ぼくとつ》な人が多い。なかには、方言丸出しの人もいるほどである。方言は素朴で信用があるというのだ。

お客様に可愛がっていただくために、贈り物を必死になって工夫する。お客様は、贈り物を頂戴すると嬉しい。当たり前のことである。嬉しくないというのは、よほどの変人である。

一年間は五十二週と一日であるが、毎週毎週、五十二回も贈り物をお客様に届ける社長を知っている。こうなると、お客様も、奥さんも、みんな、その社長を好きである。「虚礼廃止」などという批判もあるが、それは、人間社会が好き嫌いで成り立っていることを分からない人が唱える繰り言だ。そういう輩《やから》は、ことごとく、この社長には商売で勝てない。

新規開拓や、旧来からのお客様に継続していただくために、お歳暮やお中元だけでは、ライバルと同じ程度の好意しか得られない。一年間に五十二回も贈る、シーズンごとのきめ細かな贈り物は、最も効果的な販促の道具なのだ。

お歳暮やお中元は、極めて日本的だと信じている人もいるが、ボジョレ・ヌーボのシーズンにはボジョレのワインを贈ったり、競馬のシーズンには席を確保してお客様を持てなす人が西洋には多い。好かれて初めて人間関係が良くなり、物が売れ、仕事が受注できることは、洋の東西を問わない。

政治家や役人への贈り物を除けば、お客様に好かれる贈り物こそ工夫するのが実務派である。

社長の想念を実行する社員を一人でも多く育てることが、本当に強い会社を築く要諦である。

どんなに商品が優れていても、社長の想念が社員に伝わっていなければ、売れない。

社長になり代わって、社員が店頭に立ち、得意先を訪問し、販売促進をやって、売上を稼いでいることを忘れないで欲しい。社長の想念を体《てい》した、熱意溢れる社員を一人でも多く育てることが、本当に強い会社を築く要諦である。

私が感じ入った会社の一つに叶匠寿庵《かのうしょうじゅあん》がある。創業者の芝田清次さんは、三十九歳の時に人生を見つめ直し、長年勤めた地方公務員の職を、あとわずか三カ月で恩給がつくという直前に辞め、素人の身一つで和菓子店を起こした。

初めは、饅頭を作って箱に詰め、肩に下げ、観光バスの窓に向かって売り歩いた。その地を這《は》うような苦労から、人情の機微も、商売の酸いも甘いも、人たる者の夢や使命も、知り尽くした人である。惜しいことに、亡くなられて十数年になる。

芝田さんは、社長の心を心とし、どんな苦労にもめげない社員を育てることに命を捧げた。

ある時、お菓子を買われたお客様が、代金を払うと、お菓子を置き忘れて、そそくさと帰られてしまった。気づいた女子社員が急いで後を追ったが、見当たらない。機転を利かした彼女は、独りタクシーに乗り、京都駅に駆けつけた。店でのやり取りから、東京の人で、何時の新幹線に乗るか分かっていたからである。発車のベルが鳴り止む寸前、新幹線に飛び乗ることが出来た。

長い長い列車を探し回り、お客様を見つけたのは、もうすぐ名古屋という辺りだった。お客様は、驚くやら、感激するやで、何度も何度もお辞儀を繰り返し、握手を求め、全身で感謝を表された。疲れた乗客が多く、殺伐とした車内で、その一角だけがパッと光がさしたように輝いて見えたという。

この女子社員は、社長の命令で、そうしたわけではない。自分の機転と判断で、わずか数千円のお菓子を持って、新幹線に飛び乗ったのである。お金では替えられない叶匠寿庵の心が、お菓子に込められていたからである。

芝田さんが、このことを知ったのは、彼女からの報告からではない。お客様が雑誌に書かれて、それを送ってくださったからである。

社員が良く育っていないと、社長の想いはなかなか実行されない。苦労人の芝田さんは、和菓子だけを売っているのではなく、商いの道とか心、哲学とかお客様の喜び、そういったものを命懸けで守ってきたわけである。

だから、社長の想いが骨身にしみて社員に伝わり、実行されたのだ。

社員が良いと、伝説が生まれる。

経営を生かすも殺すも、社長たる者の「空の境地」、「心の積極性」しだいである。

自分に主義主張や固定観念があると、なかなか他人様の言われることを、そのまま聞くわけにはいかなくなる。

誰でも同じだと思う。

現実に、強い自己主張や固定的な物の見方は、さまざまな変化や危機に素早く対応するのに妨げとなる。

売上増大策にしても、増客にしても、新事業や新商品の開発にしても…

今、緊急に打つべき手は山ほどあるにもかかわらず、我執が邪魔をして、何もできずに手をこまねいている社長が多い。

また、社長には、経営を誤りない方向にもっていかなければならないという絶対の使命と、そのための前向きの強い信念が必要であるが、それも固定した古い観念の中からは決して出てこない。

心が弾力的でないことほど、後ろ向きなことはないからである。

突き詰めて考えると、どんな変化や危機に直面しても方向性を正しく決定できる姿勢というものは、絶えず、何事も受け入れられる「空《くう》」の心境に自分を置いておくことからしか生まれない、という理《ことわり》に突き当たる。

心の片隅に、空の境地を保持していれば、それまで「見れども見えなかった」「聞けども聞こえなかった」「触れども感じられなかった」事象が、新鮮な感動を伴って捉えられるようになる。

部下のちょっとした提言や、自分が何気なく見た町中の風景でも、それが通り過ぎてしまう前に、「あっ、これは儲かるかもしれない」「大きな事業に結びつくかもしれない」という直感がヒラメキ、前向きの戦略が次々に導き出されてくるようになる。

「水がいっぱい入ったコップに、水を注いでも、ただこぼれるだけだ」とは、ヨガの聖者カリアッパ師の箴言《しんげん》である。要するに、「正しい教えを受け入れるには、まず、心の中を少し空けておけ」ということだ。

大体が、生命の根源である呼吸も、息を吐くことから始まる。息を吐くから、息が吸えるのだ。息をためっぱなしでは、死んでしまう。人の心も、頭脳も、これとまったく同じである。空の境地こそ、強く生きるための真理ではないか。

危機を脱する心の考え方のすべては、空の境地からしか生まれてこない。経営を生かすも殺すも、社長たる者の空の境地、心の積極性しだいである。

社長業の実務で一番大切なことは、社長の「考え方」を社員の隅々にまで遺伝させることである。

命を懸けた「考え方」は、必ず遺伝するものである。

「考え方」とは、思想である。「思想」こそ、事業経営の最初の根幹なのだ。

そして、社長業の実務で一番大切なことは、社長の「考え方」を社員の隅々にまで遺伝させることである。その便利な道具こそ事業発展計画書である。

だから、事業発展計画書は、社長の「考え方」のすべてを、何がなんでも実践躬行《じっせんきゅうこう》しなければならないという気概で満たさなければ、意味をなさない。

遺伝もしない。

計画や戦略がどんなに長《た》けていても、商品やサービスが磨かれていても、技術やシステムが優れていても、社長の「考え方」が事業発展計画書となって、社員に遺伝していかなければ、決して繁栄は築けない。いつでも、社長の考え通りに計画や戦略を第一線で実行するのは、社員だからである。

ライバルと比べて、社員の能力や熱意に差があれば、それがそのまま繁栄や業績の差となって表れる。

たとえば、ネクタイ一本を買うのでも、ニコニコ愛想のいい社員と、ブスッと陰気な社員がいたら、私は一二〇パーセント、感じが良い社員から買う。ニコニコ愛想のいい社員を育てるのに、理屈はいらないのだ。

近くに新しくて大きな店ができれば、お客様は、途端に移っていく。義理も人情も通用しない。始末して、始末して資金を蓄え、新しくて大きな店をつくることに備えるという「考え方」が実務として浸透していなければ、生き残ってはいけない。

社長と社員の「考え方」に温度差があれば致命的となる。

会社の強弱は、資本の大小や社歴の長短では決まらない。社長と同じ心のＤＮＡを共有する人々を着実に増やし、質を高めることが、強い会社を創るのである。

一日も早く、社長のＤＮＡを増殖させる事業発展計画書をつくって欲しい。

人間の能力には、知性、感性、霊性があるが、問題なのは、知性を勉強するあまり、感性が乏しくなったり、野性の霊性が失われてしまったことである。

知性という尺度は、物事を正誤で判断するのに役立つ。法律にも、数学にも情の部分は少ない。これらの科学は理屈が中心で、知性を代表する学問である。知は記憶力の積み重ねで磨けば豊かになる、頭レベルのことである。

現在の学校教育は人間の能力を正誤だけで評価することに片寄っていると思う。

人間の能力には、この知性の上に感性がある。感性は、目・耳・鼻・舌・皮膚といった五官に判断を委ねている。人間は五官を通して視・聴・

嗅・味・触の五感を尺度に、好き嫌いとか、美醜とかを判断しているわけだ。もちろん個人差がある。

喜怒哀楽は、この五感から生まれる情の問題である。劇を見て悲しんだり喜んだりするが、視覚や聴覚が心に響いたからだ。絵は視覚で、音楽は聴覚で、食は嗅覚や味覚や視覚が主である。

最近、現代人はこの感性の領域に衰えが出てきたと言われている。

さらに、五感を超えたところに第六感がある。これは、物事の本質を摑む判断を、神仏や勘に委ねる領域のことである。ピンとくるとか、何となく危ないと判断できる野性のヒラメキのようなものである。私はこれを霊性と呼んでいる。

要するに、人間の能力には、知性、感性、霊性というものがあるが、問題なのは、知性を勉強するあまり、感性が乏しくなったり、野性の霊性が失われてしまったように思えてならないということだ。

社長も、社員も、政治家も事業家も、知性的であるが、感覚が鈍い人が多い。勘も悪い。

どんな線が売れるか、どの色と色を組み合わせるべきか、どこに行くべきか、誰が買うか…根本の根本の本能に近い判断の感覚が鈍っている。

アジアに進出して三十余年。技術や資本を供与し、生産性の上げ方を教え、その挙げ句に、日本は物価や人件費が一〇分の一、二〇分の一という国々の輸出攻勢に泣かざるを得ないようになってきた。何故、そんな馬鹿なことを推進しているのか不思議でならない。

公共投資は駄目だと叫ぶ野次馬が多い。ゼネコンをはじめ、そこで長い間食べてきた全労働人口の一四パーセントを占める人々が失業しかねない問題を、駄目だなどと、勘が悪いとしか言いようがない。こんなことは徐々にやるべきことだ。

企業でも、感性や霊性の衰えは否《いな》めない。長い間、記憶力の良し悪しだけで人材を採用してきたからである。新商品も、新事業も、増客も、販促も、冒険も、勇気も、記憶力の中にはない。

感性や霊性を鍛えることだ。

発想を豊かにするためには、先発の成功を細事にわたり研究し、参考にして、独自のものを創造することが大事だ。

人間は経験からしか物を見ない傾向がある。

どこかで見たことがあるとか、こんな値段であったとか、こんな形や色であったとか、祖父の時代からやっていたとか…経験したことに囚《とら》われて、まったく新しい発想というものが出にくいものだ。

しかし、誰かが成功したものを見て、参考にし、新しいものを創造することは、発想のきっかけとして大事なパターンなのである。まったくの模倣は論外であるが、発想のスタートとして参考になると割り切れば、成功の確率が高い方法論である。

そういう視点から見ていくと、ベストセラーカーになっている日本の車は、どことなくベンツに似ていたり、ジャガーに似ている。成功のパターンを参考にしたものだ。

売れているもの、成功しているもの、その要因の一つひとつが研究課題である。値段も、場所も、客層も、色調や模様も機能もサービスも、売り方も、長く売れるか短期間しか売れないかも、大事な視点である。先発の成功は、大いなるテキストなのだ。

ただ、どんな成功例でも、逆に失敗例であっても、自分に熱い目的意識が続いていないと、眼前をいくつものチャンスが通り過ぎてしまうことになる。ユニバーサルスタジオも、ディズニーの成功があって発想されたものだ。片足ストッキングは、両足のパンティストッキングを見て開発されたヒット商品である。景品ブームも一種のレトロであるが、熱い視線で過去の成功を探したからである。

学習とは、もともと模倣がスタートなのである。ただ、今、売れているものとそっくり同じものを作らないことだ。単なる模倣はダメである。発想を豊かにするためには、先発の成功を細事にわたり研究し、参考にして独自のものを創造することが大事だ。

突然に健康を失った社長が、不幸かというと、必ずしもそうではない。その不幸によって得たものが実に大きい場合も多い。

発明学会の当時の会長・豊沢豊雄氏の九十三歳の誕生パーティーに招かれたことがある。

ご自身は、一病息災の言葉通り、持病と仲良くしながら、ここまで現役できたと挨拶された。九十三歳とは見えない若々しさに、少なからず羨望さえ感じたのは、私一人ではなかったと思っている。

健康は、社長に限らず人間誰にでも、この上なく大事なことであるが、世の中は不思議なもので、突然に健康を失った社長が、不幸かというと、必ずしもそうではない。健康を失った不幸はあるが、その不幸によって得たものが実に大きい場合も多い。

会社を創業した私の友人が、ある時、突然の病に倒れた。子供は小さく、妻は社会経験が乏しかった。死に直面するほどの病だったが、友人は、命を取り留め、休職のまま、二年間も復帰できなかった。しかし、その間に、妻子が会社に関係なく安定的に収入を得て食べていけるように、二棟の賃貸アパートを建てた。医者は五年の命だと言っていたが、十年も生きて子供の成長を見ていた。

また、別の友人は、大病したがゆえに、それから二十年もの会社繁栄の青写真を描いて後継者に託した。全社員が、幸福に、豊かに暮らしていける商品、得意先、販売ネットがこと細かく書かれていたが、十年経っても、それは大局として修正の余地がないほどの傑作であった。社長は、病の床で血の出るほどの思いで構想を煮詰めて、描き上げたに違いない。

願わくば、健康なうちに、家庭にも、会社にも早々に手を打つべきであるが、人間にはなかなかそれが出来ない。

人間は元気な間は、他人の痛みが良く分からない。活々《いきいき》として元気に溢れた人は、病のことも、食事のことも、運動のことも、健康のことも、考える必要性がないものだ。殊に、社長は仕事に忙殺されて、健康のことを考える余裕さえない。ほとんどの社長が、健康を害して初めて、その大切さに目覚める。未だやり残した仕事にも、妻子への深い愛情にも、生命への未練にも…正しい人間としての生き方にも目覚めるものである。

私自身も、腰を壊し、一病息災の身になったのであるから、我が尊敬する豊沢先生に倣《なら》い、健康について一筆申し上げた次第である。

肥《ふと》るな、楽しいことだけを思って眠れ、風引くな。良い医者を友達に持つことをあなたに薦めたい。

人でも、物でも、多くの他の存在を超えて、強く必要とされる存在になることこそ哲理である。確たる死生観が確たる存在をつくる。

永く売れ続ける商品を定番と言うが、人にも定番がある。

東京の上野に銅像が建っている西郷隆盛は定番の英傑である。歴代の首相は知らなくても、首相の経験者でもない西郷隆盛の名前は、誰もが知っている。子供でさえも知っている。

不思議である。

それは、なぜか。西郷の生き方が、時代を経ても多くの人の心を揺さぶっているからに違いない。

明治維新が成り、朋友の大久保利通が政治を司るようになると、西郷は野に下る。薩摩へ戻って、隠居の身になっているのに、周りに担ぎ出され、嫌々ながら西南の役を起こした。数多くの他藩の武士が西郷を慕って参戦する。

その中に、大分の中津藩の増田宋太郎がいる。田原坂《たばるざか》の戦いに敗れ、延岡に逃れるのだが、その時、西郷は、他藩の武士に「負け戦だから、故郷へ帰れ」と諭す。

しかし、増田宋太郎は「彼の人は妙な人だ。一日接すれば、一日の愛を生じ、三日接すれば三日の愛を生じる。親愛、日に加わり、もはや去るべくもあらず。この上は、すべての善悪を超えて、生死をともにせん」と言って、帰らなかった。

増田宋太郎は、西郷と一緒に城山の決戦に敗れて憤死するわけだが、西郷の首だけは見つからない。敵も味方も西郷を愛していたから、敢えて見つけなかったとも言われている。官軍のリーダーだった大久保利通でさえ、西郷を愛していたから号泣する。

かつて、西郷は、藩主・島津久光の逆燐に触れ、島流しに遭ったことがある。その間、西郷は儒学の大家である佐藤一斎の『言志四録』に出会う。『言志四録』の一一〇〇ほどの項目の中から一〇〇余りを選び、それを日夜そらんじて身につけた。この時、自らの生き方を決めている。

「個人の生き死にを超えて、人々のため、国家のために生きる」という決意を固めていったのである。

西郷は、その死生観ゆえに、後まで名を残した。

人でも、物でも、多くの他の存在を超えて、強く必要とされる存在になることこそ哲理である。確たる死生観が確たる存在をつくる。

インターネット販売は、他のいかなる方法とも異なって、最速で全世界規模の販売ネットを構築することができる。

販売の方法は大別して五通りしかない。

①店頭販売 ②訪問販売 ③媒体販売 ④配置販売 ⑤展示販売…である。

企業は、それぞれの商品やサービスを直接・間接にこの五つの販売方法で、顧客に販売している。

企業によっては、一つの販売方法だけでなく、幾通りもの販売方法を複合的に採ったり、時には、ライバルとの競争を避けて同業が採っていない独自の方法で業績を上げたりしている。

ところが、昨今、注目を集めているのが、インターネット販売である。

もともと、テレビ・新聞・雑誌・ＤＭと同様に、通信媒体を使う販売である。

ただ、他のいかなる方法とも異なって、最速で全世界規模の販売ネットを構築することができる。しかも、パソコンはさらに進化し、携帯電話からアクセス可能となり、電話は、法人や家庭のものから、完全に個人の持ち物に変わってきた。携帯電話は、動く画像となり、もはや端末としてパソコンに取って代わる存在になってきている。

地球人口六〇億人のうち、二〇億人、三〇億人が使う便利な通信具こそ携帯電話であり、端末機であることを社長は知っておくべきだ。日本はすでに、家電、文具、銀行、証券、デパート、コンビニ…をはじめ、ありとあらゆる業種業態が電子革命の真っ只中にいる。

ネット先進国のアメリカの自動車業界では、ディーラーだけが持っていた顧客との接点も、メーカーが直接最終ユーザーと結び、その意見を商品やサービスに反映させることが可能となっている。もはや、販売は系列に一〇〇パーセント依存しない。

部品・資材調達においても、さらなるコストダウンとスピードアップのために、生産系列を見直す。いわば、これまでの系列化を中抜きにする時代が到来しているのだ。こうなると問屋、小売店と下請の存続が大問題となる。

情報通信による、いわば販売ルール・システムの革命は全世界を巻き込んで起こっている。全産業の経営のスタイルが変化している。

この変革は就労人口を減らしたり、逆に物流を盛んにしたり、新しい業態を創造したりもしている。

社長は、インターネット販売を単なるブームとしてではなく、世界を一変させる新産業革命として捉え、冷静に、しかし、遅れないように対応願いたい。

ＩＴブームで、新しい売り方が登場し、機械を使った販売が盛んであるが、いつの時代でも、売れる決め手は〝人間臭さ〟であることを忘れてはいけない。

物を売るのに、優れた知恵や工夫は欠かせない。

強いライバルが存在しているからだ。並べているだけで売れたり、買ってもらえることが一年も続けば、人間は怠惰になり、やがて会社を駄目にしてしまう。

売りは、いつでもライバルより優れていることが戦略の基本であり、必須条件だ。

これからは〝売り〟の強弱こそが業績の差を明確にしていく時勢である。

昨今、商圏半径がわずか一〇〇メートルで、乱立気味のコンビニエンスストアの中で、大繁盛している店がある。

この店では、普通の店のように来店客を待っているだけでなく、注文を積極的に取りに行って配達する。そのサービスに数多くのお客様がついている。昔懐かしい御用聞きのスタイルである。昔と異なるのは、ファックス、電話、コンピュータ、チラシを大いに活用し、弁当、スナック、烏龍茶から雑貨まで、注文品を届けている。御用聞きに行って、商圏半径を一キロにまで伸ばしている。老人の多い地域では特に好評である。会話があるからだ。

東京の町田にあるブティックではワインブームに乗って、顧客にワインをサービスしている。仕入れはお客様の意見をよく尋ね、お客様をモデルにしたファッションショーまで開いて賞品を用意している。大人気である。

ＩＴブームで、新しい売り方が登場し、一方で、機械を使った販売が盛んであるが、間違ってはダメだ。いつの時代でも、人間らしさ、人間臭さを忘れてはいけない。

ここでは、御用聞き、お客様自身のファッションショーなど、敢えて人間の情に訴求した販売を紹介した。

電子取引一つをとっても、その画像に人間らしさ、人間臭さがなければ決して訴求しない。それをいつでも忘れないことだ。

経営は学問でも学歴でもない。いわば、成功や失敗の経験学である。経験を、子供のために積ませることだ。それが、後継者育成のイロハである。

強烈な個性とか、頑固すぎる性格とか、強い意志というものは、目標や目的を達成するためには、欠かせない大事な精神である。しかし、こと愛する我が子に対しては、こういう精神は争いの種になることが多い。

個人の相談に親身で乗っていると、「強くなれ」とかいう親の子に対する愛情の果てに、愛するが故の憎しむほどの情に出会うことがある。ほとんどの親が、子は親以外に頼る者がいないんだという自覚に欠けている。

「教える」という意識が昂《こう》じて「叱る」ことになり、やがて「怒る」ようになっていく。子供は本当に親が自分を見捨ててしまったと、失意のうちに離れてしまう。限度が分からない親が多いのだ。

もともと、人間の才能には、親と子と孫の間でも凸凹がある。自分と同じような人間を創ろうとしても、無理がある。そう思って、時間を長くかけたり、辛抱したり、事によったら褒めちぎることも、大切である。そういう上手な情がなければ、基本的に意志は伝わらない。相手は、表面だけを聞いて、その場を凌《しの》いでいる。頑固で強い意志は、嫌われることが多い。

しかし、頑固だった親が、急に子供に対して何も言わなくなると、子供は安心してしまい、何もしなくなったりする。だから、難しい。これが他人やライバルだと、相手は折れたと錯覚し、かえって猛々《たけだけ》しく迫ってきたりする。人間の下手な情なのである。

情が絡むことの多くは、争いを起こさないことが大事な成功の鍵である。

子供の才能が、明らかに自分とは別だと分かった時点で、①別の道を考える、②優秀な補佐役を付ける、③一時的に従順な他人を登用する、④孫に期待する、⑤システムで動くようにする…ことが大事である。

道はいくつも存在する。一つではないのだ。元来、経営は学問でも学歴でもない。いわば、成功や失敗の経験学である。勘や、運や、根性や、誰よりも早く来て遅くまで仕事をすることで、工夫や知恵が生まれる。そういう科学である。

経験というものを、子供のために積ませることだ。

一つの仕事に確固たる土台を築く前に、別のうまい話に乗って力を分散した経営者は、ほとんど失敗する。

時流に乗って次々に新事業にチャレンジすることは、決して悪いことではない。しかし、それが本業の経営を圧迫する要因になることが往々にして起こっている。

事業経営は、それほど甘くはない。

問題なのは、ブームに目がくらんでしまい、冷静で、真剣な研究も行わず、参入してしまうことである。新事業の判断はいつでも社長がしなければならない。本業のことは良く分かっているから有能な部下に任せても、時々見て判断できる。しかし、新しい事業は、部下に任せて報告や相談が少なければ、判断を誤ることになる。

だから、当然、冷静な目で、参入する分野のすべてを具体的に捉えて、手を打つことが大事である。

新しい分野の将来性、競争状況、先発業者の強弱と売上利益の伸長状況、商品の種類や客層や値段、採算性、投下資本の量、独自性の出し方、配置すべき社員の数…など、研究すべきことが多い。単なる思いつきでスタートすることが失敗を招いている。

また、多くの経営者が、本業がうまくいかないから別の仕事へ参入している。それはまったく逆で、本業がうまくいっている時に別の仕事に参入し、金や人を使い、業績が少し悪い状態を人為的に創っていくことが大切である。

なかには、今の業界が悪いからというので診てみると、決してそうではない場合もある。まったくの同業は立派にやっていたり、その同業者の商品と比べてかなり劣った商品やサービスが売られていたり、社員の教育がされていなかったり、資本不足で全体として競争力が低下して、業績が悪いことが多いのだ。

こういう手腕の人が、別のどんな事業をやっても結果は同じである。また苦しい会社を作ってしまうのが関の山である。

ブームは、いつでも多産多死状態を招く。それは簡単に参入するからである。ブームが過ぎれば九五パーセントは死んでしまう。不動産のブームが国を挙げて起こり、去れば国中に失敗者が生まれた。ゴルフ場も、ボーリング場もブームが去った後には、トラブルばかりが目に付いた。淋しい限りだ。生き残って長く隆盛を極め続ける会社は実に数少ない。

まず、現業の確固たる基盤を築くことである。それが必須条件である。

そのうえで別の事業をやることだ。しかも、その思想にも、戦略や戦術にも独自性を持つことが大事である。

他にはない、自分自身の工夫や手法や考え方を生み出して欲しい。

多くの信用失墜の因は自己の側にある。即座に正す。言い訳を一切しない。鈍感な経営をしない。

信用というものは、少し前までは金銭の貸借に限られていた。

信用がないから貸さない、というアレである。さほど広くない日本で、しかも人口過密な都市型社会では、さまざまな情報が異常に氾濫し、信用失墜の原因も数多く、複雑になってきている。金銭貸借以外に落とし穴が多いので、社長は注意すべきである。油断をしないことだ。

不良品の販売、水や空気や音やゴミの公害、スキャンダル、事業規模の縮小、失言放言、不注意な応対、嫉妬…等々、先日まで広がりの狭い地域社会で業を営んでいたのと異なり、悪い噂は全国ネットで流布されるようになったことを肝に銘じ、知っておくべきである。情報も物流も高度に発達していることが分かっていない節さえあるので申し上げた。

大失敗や大失態は、アジや野次馬根性でヒステリックに叩かれる。無責任だと言っても、それぞれのジャンルに専門家や評論家や学識経験者がいて、なかには尻馬に乗る人もいるわけである。決して生産的ではないことに、正義という言葉を楯に、人を殺すほどの強い口調で責める。

責められた人は傷つき、病に倒れ、死んでしまう場合さえも少なくない。相当な猛者《もさ》でも、よってたかって叩かれると死ぬ。田中角栄さんも、小佐野賢治さんも、結果として言葉で殺されたと言う人も少なくない。相手は、自分が何をやったか分かってはいない。ただ、正義だと言うだけである。大衆が賛同しても、人が人を裁くことの難しさがある。

社長にとって、これらの信用失墜で最も重大なことは、お客様を失ってしまうことである。お客様を失うことは、会社を倒すことである。

以下は、一言では決して言い表せない信用確立の考え方を書いてみた。意を汲んで言い足りない分を補足して欲しい。

金銭の貸借で最も大事にすべきは、約束の期限内に、耳を揃えて返すことだ／一切の言い訳は通用しない／不良品は何よりも優先して回収し、誠意を尽くして納品をやり直す以外に手はない／公害をタレ流した場合は、その因を完全に断たなければ収まらない／スキャンダルは居ずまいを正し、自己を律しなければ防ぐ方法がない／事業規模の縮小は、必ず新たな成長拡大を期さなければ信用を永く失う／失言放言をしないためには、日頃から言葉を選ぶ習慣を持つことが大事である／対応の失敗は、社長も社員も勉強不足が原因である／嫉妬の多くはストーカーのように怖い目に遭う／奢侈放逸は運勢を落とすという。富めば必ず質素の美を学ぶべきであるそれでも悪意に満ちた中傷が続くこともある。それは敵が流しているからである。弱さや欠点は駄目である。敵に対して強くあることが経営である。経営はある種の格闘技だからである。

多くの信用失墜の因は自己の側にある。

即座に正す。言い訳を一切しない。鈍感な経営をしない。

経営者は、質の高い本物のカリスマ、いわば、満遍なく全員を見渡せる「偉大なる凡人」を目指すべきである。

人が人に憑《つ》くという言葉がある。

人間は、自分では到底考えられないほどの強い個性に魅入られるものだ。何かにすがりつきたいというのは、人間が母親に育てられた証《あかし》のようなもので、本来から持っている良さであり、弱さでもある。

そして、苦しさや困難や不振に長く漬かっていると、誰も彼もの心の中に、英雄やカリスマを待つ情が住み込んでしまうものである。

平穏な時よりも状況悪や乱世に忽然《こつぜん》と現れるのがカリスマの典型である。信長やヒットラーのように、デビューは衝撃的なのである。

カリスマには、まず並外れた説得力がある。説得力は必須条件であり、時には声が大きくてヒステリックだったりする。戦闘力も要求される。もし己に腕力がなければ、強い部下を持っていることが大事である。また、類い稀な先見の能力が求められる。常人ではない強い個性が求められる教祖の像である。

それ故に、考えられないほどの難事を解決するし、実行できてしまうとも言える。

組織にカリスマが登場すると、集団はその目的完遂のために、一切のはみ出しを許さなくなってしまう。だから、すべての敵の首を切ってしまい、反対を唱える側に犠牲が出る。カリスマ体制が長く続かないのは、こういう異常性や恐怖心がリーダーシップに本来から存在し、エスカレートするからである。

しかし、経営には、創業期や波乱期に、必ずカリスマ的リーダーシップが必要である。組織を統一された強い思想でまとめて推進していかないと、業績が上げにくいからだ。

質の高い、本物のカリスマを目指すためには、自分の豊かな才能を主張し、他を否定するよりも、「運が良いこと」を口に出したり、自分の性格の一端に「他人の痛みが分かる社会性があること」を知らせることが大切である。

そうしないと長く続かないものだ。

経営者は、いわば、満遍なく全員を見渡せる「偉大なる凡人」を目指すべきである。

ライバルの商品で、長く売られているものは、よく売れるからだ。ライバルのさまざまな動きをジーッと観て、謀に満ちた戦略を立案することが大事である。

戦略とは、もともと敵が存在するから生まれた言葉である。謀《はかりごと》の臭いが多分に含まれている。

しかし、概して、日本人は謀を巡らすことに罪を感じたり、不得手な人が多いように思えてならない。平和な風土で育って、平和な性格だからである。

本格的な資本主義が導入されてわずか五十年余の歴史しかないのであるから、無理からぬことだと言ってはいられない。これからは、今までとは違う時代が急速に来ている。競争に対する自覚が足りないと思う。

これまでは、ライバルがどんな営業を展開しているか無頓着で済んだ。ライバルが得意先へ配ったカタログを集める必要もなかった。対抗策を講じなくても何とかなった。

現実に、ライバルの商品の性能・品質・値段・デザイン・機能・納期・サービス…を自社と比較をしない社長も数多いし、激しく競い合っている敵の店舗へ社員も行かないという会社も多い。しかし、それはもう昔のことである。

こんなことでは生き残っていけなくなる。外国に対しても、国内のライバルに対しても、平等よりも、平和よりも、自由や競争を選ぶことを決めて公表したのだ。国際化とは、ルールやシステムを世界中と同じようにしたということである。同じ土俵に立って激しい競争をするということを、真から理解すべきである。

孫子の最も有名な言葉に「彼を知り己を知らば、百戦殆《あや》うからず（敵情を知り、同時にわが力をも知る場合は、戦いに敗れることはない）」とある。

ライバルの経営や商品を黙ってジーッと観ていると、長く売られているものは、よく売れるからであり、そこに収益の源があるからだ。

ライバルのさまざまな動きをジーッと観て、謀に満ちた戦略を立案することが大事である。

第四章

経営手腕を飛躍的に高める15の着眼点

人と人との伝達の基本は言葉である。選び抜いていなければ、心の中の想いは伝わらない。

名前の通った会社は、すべての点で経営がやりやすい。

逆に、知名度の低い会社は、人を求めるにしても、商品を売るにしても、注文をもらうにしても、その一つひとつが実にやりにくく、苦労が多い。客観的に見てつくづくそう思う。

こういう現実は、規模の大小には関係ない。小さくても有名な会社もあるからだ。

知名度は、概して、広く長く宣伝することの上手下手で決まってしまう。要するに、名を高めるには、突き詰めた宣伝戦略が必要である。

ある時、「嫁とうまくやる法」というテーマで講演されている八十歳のおばあさんが相談に来られた。この人を大好きな私は、嫁とうまくやっているはずのこの人に、講演をおもしろくするという主旨で、テーマにたった三文字の修飾語を加えるようにアドバイスをしたことがある。それは「嫌いな」という三文字である。つまり「嫌いな嫁とうまくやる法」の方が人を感じさせ、文章も生きてくるのだ。

どんなに良い商品を作っていても、サービスに徹していても、燃えて仕事をしていても、自分たちの、その思いや行為の一番大事なものが、肝腎のお客様に伝わっていなければ、結果として、それは独り善がりと同じことになってしまう。自分たちだけが知っていても、売上や利益につながってこない。経営にはそんなところがある。

大事なことは、その突き詰めた思いを、選び抜かれた言葉や絵にし、お客様の五感を意識して、テレビや、新聞や、チラシや、手紙や、看板や、イベントにのせることだ。

選び抜いていなければ、心の中の思いは伝わらない。人と人との伝達の基本は言葉と行為である。

有名な商品、有名な会社、有名な事業家には、優秀だということに加えて、宣伝という武器がある。

共同経営を一緒に仲良く、長くやっていくための知恵を身につける。

共同経営が見事に行われているのを見るのは実に少ない。

創業の苦しい時代には、寝食を忘れて兄弟のように事業を営んでいた人たちでさえ、売上が伸長して利益が増大するにつれ、互いに争うような場面をよく見てきた。

こんな場面に遭うと、つくづく、うまくいっていない間が華なのだ、とさえ思う。

共同経営というものは、もともと、そういう要素を多分に含んでいる。それは人間そのものが背負っている業のようなもので、特に経営者は所有欲が深いのだ。経営が軌道に乗れば、会社が欲しくなる人ばかりである。

しかし、能力に差があり、努力にも差がある。人を均一に神様は創造していない。時間が経つにつれて地位や配分や働く場所などに自然に序列が出てくる。当然、不満も出る。こういうことが原因で、分離したいとか、独立したいという内紛が起こっている。

この時、誰が見ても、はるかに抜きん出た統率者がいれば、揉《も》め事は起こらない。この大事が分かっていないのだ。

だから、共同経営のスタート時に、実際に共同で経営する人たち以外の大人物を上に戴《いただ》くことを薦めたい。それが一緒に、仲良く、長くやれる知恵である。

もう一つ、共同経営の成功には、自分がその会社を「所有したいのか」、または「経営だけを協力してやるのか」、二者択一の決断を最初からしていなければならない。その覚悟が曖昧だからみっともない結果を招いている。

所有したいと願うならば、最初から過半数の株を持つべきだし、経営だけ協力するのなら、成功の暁に株を高く評価して買ってもらえばいい。それが出来ないようなら、最初からやるべきでないのだ。

異業種交流とか、事業企画に惚れて金を出し合ってとか、仲間同士で新事業をとか、格好いいことを言いながら、まあまあ、なあなあで、ほとんどが後で泣きを見ている。

友は大事である。世間を狭く渡らないように、先を考えて共同経営を成功させて欲しい。

借金をする時に、最も大事なことは、メドを持つということだ。

事業経営にとって、〝借金〟も財産のうちとか、実力のうちだとよく言われる。

設備投資をはじめ、土地や建物などの固定資産の購入を長期借入金でまかなったりする。先行投資をしなければ競争に負けることも起こるからである。時には、運転資金までも借入金で調達することが行われる。

借金をする時に、最も大事なことはメドを持つということだ。このメドを持たないために返済に窮するのだ。

借金は経常利益を出さなければ返済できない。これが大原則である。

借金に対する利息は経費処理ができる。しかし、元金は、経常利益を出し、その中から税金を支払い、さらに、役員賞与や株式配当を行い、最後に残った留保金を返済に当てなければならない。つまり、経常利益の額が借金返済の能力を決めてしまう。経常利益から税金や役員賞与や配当を差し引けば、ごくわずかの返済しかできないことになるのだ。

また、内部留保金の中には、現金で残っている金額よりも、商品在庫や原材料に化けている金額の方が多かったりする。だから返済の実力というものは実に小さい。

せいぜい経常利益の三分の一から五分の一というのが、大方の会社の能力範囲である。

要するに、一年に一億円の元金返済をしなければならない会社は、三億から五億円もの経常利益がなければならない。

これがメドである。過大な借金は命取りの因になる。メドを持って欲しい。

日本は外国人労働者について、「すばらしい国だ」と信頼されるような、前向きで、新たな視点から受け入れ体制を作るべきである。

日本の若者たちは、すっかり肉体労働をしなくなってしまった。今では、肉体を使う現場の人手不足は深刻で、外国人労働者に頼らなければ成り立たなくなってしまっている。しかし、彼らの多くは観光ビザや就学ビザで入国し、不法な労働をしていることになっているのだ。

しかも、その多くは小さなアパートの一室に、幾人もがひしめき合って暮らしている。そこには、まるで終戦直後のような人間らしくない社会がある。かつて、アメリカに出稼ぎに来たプエルトリコの人や、EU諸国に来たインドやギリシャの人々と同じ境遇を繰り返している。悲しい。

見て見ぬ振りをし、人手不足を解消する方向も確かにある。また、厳しく取り締まるという方向もある。

しかし、先行したアメリカやEU諸国が、威信を失遂させたり、貧乏や犯罪の温床となった例を教訓とすべきだ。日本人は、他民族に対して二度も、三度もの、同じ失敗をしてはいけない。

十数年も前から受け入れに万全を期し、中国から技術研修生を招き、数多くの卒業生を出している中小企業のグループもある。稀な例ではあるが、ホッとする。

人に関する国際化とは一体何なのか。日本人の誰もが真剣に考えるべき時が来ている。

地球人口は、今、約六三億である。そして、十年間で約二〇パーセントの人口増加が起こっている。たとえ、日本やEUやアメリカで出生率が急落しても、今世紀の早い時期に、地球人口が一〇〇億を超えてしまうことは確実なのだ。それは、東南アジアや、アフリカや、南米で人口が爆発するからである。貧しくて、職業の少ない地域なのだ。

やがて、地球が一つの経済圏になることを先見するなら、日本はすばらしい国だと信頼されるような、施設も、教育の場も、医療や保険も、働く期間や、生活も、前向きに、新たな視点から受け入れ体制の見本を作るべきである。

国も、企業も、社長も。

厳しい状況に対応して業績を上げるためには、まず、一人ひとりを強くすることが基本である。

昨今のような状況下では、一人ひとりの社員が真実強くなければ、業績の良い会社は創れない。

ところが、業績の悪い会社に限って、肝腎の上も下もが意識に乏しい。意識に乏しい集団だからこそ、業績が悪いとも思う。歯痒いばかりである。

たまたま、業績の悪いF社の日報を見た時、営業マンを監視しているような様式になっていた。何時から何時まで、どこの会社へ行っていたか、そして誰に会っていたか、ということを克明に記入するようになっている。

尋ねれば、何の不自然さも感じずに、幾年もこんな様式を続けていたのだ。上も下も意識がない。

日報には、営業マンが訪れたお得意先にライバルが来ていたら、そのライバルが、どんな商品や売り物を持ち込んだか、値投はいくらだったか、サービスはどうだったか、それに対して、お客様の対応はどうだったか…を書かせるべきである。

こういう肝腎な情報を上が得て初めて、具体的で的確な対応の戦略戦術が下へ指示できるものである。本当に我が眼を疑うほどガッカリすることが多い。

長く、大して努力もせずに儲かったツケで、全員が怠惰な会社も多い。儲かることが長く続くと、優秀だった人もつくづく駄目になる。人間だから。

天から雨が降るように、金が降ってくるわけがないのに、働かないで高い給料をもらおうと思うことが、社内の大勢を占めたりもする。

もともと、人生は他の誰のものでもない。一人ひとりのものである。すべては社長のせいでも、会社のせいでもない。意識を持って、一人ひとりが努力をして、初めて家が建つような高い給料を獲得できるベースができるものだ。また、経営者はそういう努力に報いるシステムを作る立場にいる。

厳しい状況に対応して業績を上げるためには、まず、一人ひとりを強くすることが基本である。

それには、意識を持った社員を育て、そのうえで、売上や利益を上げるさまざまな実務の戦略や戦術を休むことなく、広く深く教えることが大事である。

人間は、多くの場合、五官で感じた体験を、イメージとして心の奥に固定化させてしまう。

顧客の心の深層で、この店は悪い店だと固定化してしまったイメージを消し去ることは至難である。イメージとはそういうものである。

梅干の味を知っている人は、梅干をイメージしただけで、唾が口の中に込み上げてくる。イメージは人々の心の深いところに入り込んで固まってしまうものだ。

多くの銀行マンは、ベンツに乗った顧客と、小さな車に乗った顧客を見た時、迷わずベンツに乗った顧客の方に金を貸したいと思うというのだ。

ある時、大繁盛をしていた小さなレストランが、改造をして店を広げた。

その途端に流行っていたこの店から客足が遠のいてしまった。

一カ月経っても、半年経っても、お客様は戻ってこなかった。店が広くなるとガランとなり、淋し気で、落ち着かないのだ。同じおいしい料理でも、まずく感じるのだ。人は誰でも、知らない間に、そういうイメージを心の中に育て上げているものである。

広くなってしまったこの店をいくつも間仕切りして、入口に近いスペースからお客様を詰めていった。小さなスペースはすぐ満員になり、窮屈で狭かったが、この店のイメージは一変して、流行っている店、おいしい店と言われるようになり、やがて、前よりも繁盛するようになった。

バーゲンの大行列も、ライブに殺到するエネルギーも、大学の狭き門も、この店と同じように、満員や売切れをイメージして組み立てたものだ。人間の心の深層に攻め込んで作り上げたイメージ戦略である。

人間は、多くの場合、目や耳や鼻や舌や皮膚、つまり五官で感じた体験を、心の奥に固定化させてしまう。

だから、目に映るものが汚れていたり、耳に伝わる音が騒々しかったり、臭いが悪い、味がまずい、嫌な感じがするというだけで、悪いイメージが定着してしまう。注意して欲しい。

五官を鍛えて、傑作を作り出して欲しい。

事業は、いつでも、市場が満杯状態で、競争が激しくなることを前提に戦略を立て、油断しないことが肝腎だ。

事業は、もともと〝大儲けできること〟が永く続くことなど決してない。むしろ、大儲けを、たった一年経験したがために、かえって社長も部下も怠惰となり、会社を危うくする場合の方がはるかに多い。

大儲けが二年も続けば、競争相手もそれを知るところとなり、あっという間に儲からなくなってしまうのが通常なのだ。

それを、大儲けを企てることが事業だと考え、社長も部下も、まるで賭け事のように一攫千金《いっかくせんきん》ばかりを狙っている会社まで誕生してしまう。何ということだ。これでは安定した事業は創れない。

景気がいい、フォローの風だ、新商品が大ヒットだ、仕事が努力もしないで舞い込んでくる…こういう状況こそ危ないのだ。全員、油断をしないことが肝腎だ。

団体を創設して四十余年の歳月の間に、数々のブームが起こり、数多くの事業が興された。糸ヘンのブームが来た。家電ブームも、外食産業ブームも、海外投資ブームも来た。不動産ブームも起こった。

そのブームのたびに誰もが大儲けを企て、ドッと参入した。しかし、市場が満杯状態になると、大半の企業は次々に倒れていった。生き残って隆盛を極めている企業は実に少ないのだ。

事業は、いつでも、市場が満杯状態で、競争が激しくなることを前提に、積極的な厳しい戦略を立て、目標を掲げ、戦術を駆使するものだけが生き残る。このことを忘れてはならない。社長は油断しないことだ。

売上を損ねている因や、人が集まらない因が、カタログ類にあることに気付いていない。

会社の第一印象の良し悪しを決定的にしてしまうものに、受付の感じや社員の態度などがある。これらは、ほとんど人がお客様と接して決まるものであるから、苦情も直接いただく代わりに、正すのも早いし、また訓練も行える。ところが、実際には、売上を損ねている因や、人が集まらない因が、カタログ類にあることに気付いていない。

会社概要、商品カタログ、募集カタログなどの類を山ほど集めてみても、傑作にはなかなかお目にかかれない。どこかでポイントがズレているのだ。

文章が多すぎて、しかも小さな文字が羅列してあったり、中途半端で不十分な説明がクドクド書かれてあったりする。なかには、商品を売りたいのに商品の効用や利用の仕方を説かないで、商品を作る過程が詳細に書いてあったりする。これでは読んでもらえるはずがないではないか。

本来、人は文章を読んでくれないのだ。だから、カタログは、人々の視覚に訴求したものがベストである。

人々は絵を見たり、短いキャッチフレーズの言い切ったものを見て、初めて文章を読んでくれる。

イメージが本体と違っている、写真が悪い、色が汚い、紙が悪い、レイアウトがバラバラだというカタログで世間は溢れている。

たった一行のコピーや、たった一枚の写真が売上を左右するということを、もっと真剣に考えるべきだ。特に、重いもの、大きいものの販売や受注事業の多くは、現物が運べないので、カタログが悪いと新規開拓は出来ないし、売上が伸びない因となる。

大衆を細分化し、「個の群」を小衆としてくくり、どう捉えて攻撃するかが戦略課題になってきた。

平和になると、人生を考えるようになるというが、同時に、人は、個性を主張するようにもなる。

つまり、自分を他と切り離して主張するようになる。特に、今は、大衆とか、大量というイメージを嫌う傾向が強くなっている。より個の確立を願い、個性的な感性に訴えた唯一《ただ》つのものを買い求めようとするのだ。

他人がヴィトンを持てば自分はシャネルを持ちたいと願い、それが高じて、自分だけはノンブランドだというようにもなる。老若男女が入り乱れて個性を競っている。男が女の服地を求め、女性が男物を着る。

家も、車も、衣類も、食も、設備も、サービスも、味も、性能も、法人も個人も、あらゆるものが、滅多にないもの、個の心を捉えたものでなければ売れない時が来ているのだ。

大衆として捉えた時代から、その大衆を細分化し、「個の群」を小衆や中衆としてくくり、どう捉えて攻撃するかが戦略課題になってきたのだ。

しかも、同じ個をいくつものセンサーにかけて捉える精度こそ大事である。

地域別、年齢別、性別、職業別、所得別、地位別、専門職別などは、もはや、大衆に近いくくり方の基本にすぎない。進んだ会社は、趣味別、長男・次男別、利き腕別、髪型別などと個の群をくくり、狙い定めた顧客にアタックしているのだ。

スキーを売るのに、ゴルフ趣味の顧客では狙いが鈍なのだ。次男は持ち家願望の群なのだ。左利きのスポーツ用品は確率高く売れる商品なのだ。

個をくって、群を捉えて商売する時代が来ている。

情や心の要素と同等に、金の要素が大切なことを本音の部分で悟っていなければ、人材は獲得できない。

つい先頃、設備機械を作っている東京郊外のある会社が、時の要請に応えるために電子技術系の人材を獲得することにした。

重役全員が心当たりを探し、思いがけないほどの、その道のエキスパートをスカウトするところまで話が進んだ。

その人材は、一〇〇パーセント会社を移る覚悟を決めていたし、一人の役員に胸中まで打ち明けていた。ところが、いよいよ最終段階というので社長と面接をし、そこで待遇の話が出た。

社長は、この人はもう間違いなく自分の会社に来てくれるものと確信を得たので、つい「人を安く使う」という駆け引きをしてしまった。実に苦々しいことであるが、人材はすぐその意を知り、値ぶみされた屈辱感もあって、その場で上手に転職を断ってしまった。

ところが、社長の方は、惚れ込みようが強く、その後も、待遇を考え直したいと再三にわたる交渉を行った。結局は、残念で、後味の悪い結末を迎えたわけである。

「金」は人にとって共通した本音の原点である。

現に、我々は支払いの悪い得意先に魅力を感じていないのだ。同じことである。金に渋い社長に一生を託すだけの魅力があるはずはないのだ。

情や心の要素と同等に、金の要素が大切なことを本音の部分で悟っていなければ、社長業は務まらない。

金が媒介しながらも、なおかつ一生涯付き合える人間関係ほどすばらしい関係はない。そういう職業観を、社長はある種のふてぶてしさを抱いて、割り切って銘ずべきである。

もともと、土中にある鉄を掘り起こすのも、木を伐り出すのも、船を造り、家を築くのも、そこに働く人の食のためである。すべてが人件費を得るためなのだ。

大事なスカウトである。本音で魅力がなければ、人材は獲得できない。

「他社を模倣しない、他社に模倣されない」という独自性こそ、価格戦略にとって最優先の視点である。

「価格」、つまり値段は、どんな会社にとっても、売上や利益に直結している最重要な戦略要素である。

しかし、現実には、戦略もなく、意に反して安く売らざるを得ないという会社が多い。

こういう会社は、決まって経営が楽ではなく、多くの競争相手を持ち、幾種もの同業とまったく同じ商品を扱い、売り方も顧客も同じだという戦いを行っている。

同業とまったく同じことを行っていれば、果ては、必然的に値段の叩き合いになり、売上や利益を損なってしまう。当たり前のことだ。

その一方で、楽々と経営をし、競争の圏外にいて、値引きも安売りもしない、自分の意図した価格を通して売っている会社がある。こういう会社は、実に「独自性」に勝っている。

売上一三九四億円で、七四八億円という驚異的経常利益を出すキーエンスは、中少量生産という独自の視点を戦略としているのだ。麦焼酎のベストセラー「下町のナポレオン」はそのネーミングに抜群の独自性がある。衣類雑貨を通信販売で一五〇〇億円以上も売っているA社は、独自の顧客リストを収集している。

「他社を模倣しない、他社に模倣されない」という独自性こそ、価格戦略にとって最優先の視点である。そのために、特許や意匠や商標など工業所有権にも、もっと意を注ぐべきだ。自社の商品に優れたブランドをつけるべきだ。工法を改善し、仕入れを考えて独自性を出すべきだ。売り方も旧来にとらわれず、独自の方法を確立すべきである。

独自性を主張することに、社長はもっとのめり込んで取り組むべきである。

教えすぎて、考えることをさせなければ、人は育たない。

教育が大切なことは論をまたない。

我々が数字を巧みに扱い、文字を読み書きできるのは、偏《ひとえ》に教育の効用である。人は教育と勉学という研鑽によって知識や知恵が身に付き、自己のレベルを高めることができる。

職業柄、時には業績が低下し、減益に陥ってしまった会社へ招かれることが多い。減益の理由はさまざまであるが、社長や実力者が長期不在になって減益に陥ってしまったという会社が結構多い。

S社で、ある時、君臨していた社長が急に長期の病に倒れ、出社が不可能になってしまった。残された幹部は、ただ右往左往するだけで、店は汚れ、士気は落ち、お客様の足が潮のように引いてしまった。

それまで、優秀な業績を誇っていたS社が、次期には大幅な減益を計上するという悲惨なことになってしまった。

幹部の一人ひとりに会うと、実に有能そうに見えるが、残念ながらほとんど絶望的な、共通した欠点を持っていた。

それは、長い間、命令をもらって処理をするだけに時間を費やしてきたという救い難い欠点であった。頭はいい。処理能力は優れているが、しかし指導者ではない。要するに正義を貫くふてぶてしさがない。ひ弱である。

その後、S社が、二年がかりで業績を回復させたのは、外部から指導者を入れたからである。大概すれば、こういう残念な出来事は、日頃からの教育が悪いことに起因している。

偉大な指導者が、自分一人で考え、部下に考える習慣をつけさせなかった結果である。誰でもそうであるが、考えさせなかったり、教えすぎたりすれば、かなり有能な人間でも、やがてその部分の能力を退化させてしまうものだ。指導者の力が強ければ強いほど、部下は従順になって、考えることをしなくなる。やがて、ひ弱になってしまう。

教えすぎて、考えることをさせなければ人は育たない。

事業の継承にまつわる骨肉の争いほど見苦しいものはない。継承の妙を考えて欲しい。

事業の継承にまつわる数々のトラブルを長い間見てきた。なかでも骨肉の争いほど見苦しいものはない。

子が二人いたら、親は会社を二社創るべきである。若い頃から、それが長期的な基本戦略の中になければ、争いが起こっても、自らのせいである。兄弟で会社を興した者は、兄は弟のために、もう一つ別の会社を興すべきなのだ。三人いれば三社創るべきだ。こんなことは当たり前のことではないか。

人間は誰でも、苦しい創業期は協力して、互いに一所懸命に働く。しかし、事業が成功してくるにつれて、地位や名誉や権力や金のことで争うようになってしまう。

愛しているからこそ憎むようにもなる。こんなことはどちらも不幸である。損失も大きい。大体、人間のすることは、今も昔も変わらない。どんなに文明が発達しても、こういう人間の感情には変化がないのだ。平和になれば、誰でも先行きの人生を考えるようになるから、争いが起こる。

二社を創っても、二社が単に地域が異なっているだけでは、子孫が同じ思いで苦しむことになる。二社は異業種でなければ意味をなさないのだ。社長は、創業して二十年も経てば、次の十年で子や弟の会社を創るべきである。「これは、お前の会社だ」と唱え、励まし、力を結集して互いに協力をすべきである。

継承すべき人が他人であっても同じことだ。実力ある者が二人いたら、二社創れば人生が豊かになる。

プライス・納期・品質・サービス…どこかで、何かで、リーダーになることにチャレンジし、強力な会社を創って欲しい。

〝プライスリーダー〟、つまり同一業界や同一地域で〝価格決定権を持つ会社〟のことを、こう呼んでいる。

プライスリーダーは、価格を意図的に操って市場を席巻できるし、ライバル会社に対し、生殺与奪権を持つ強大な存在にもなれる。

同じ市場で、リーダーが、値段を高く売れば、他の会社はそれに追随して生き残っていけるが、リーダーが、ライバルの市場を奪う目的で安い値段で売れば、当然のことながら生き残っていけない会社が出てくる。事業経営は実に厳しい。

こういうことに対しては、誰にも文句は言えない。むしろ、逆に、価格維持や保護することが罰せられている。

価格競争は、時を超えて幾度も幾年も繰り返され、いわば、敵の市場を奪うことでごく少数の強い会社が繁栄し、消費者の側に立つ会社だけが生き残れる浄化作用にもなっているほどだ。

こういう価格戦略の成功には大別して二つの条件が必要である。

一つは、占有率が圧倒的に高いことだ。通常、四割以上の占有率であれば、高く売っても、安く売っても成功する確率が高い。

もう一つは、他に収益源を持っているから安く売り、敵の市場を奪えるということだ。この二つの戦略条件が不可欠である。

占有率も低いし、他に収益源も持っていない会社が、昨今では、何でもかんでも安く売れば良いと錯覚し、自らの首を自らの手で絞める結果を招いている。まったく戦略不在である。

強いリーダーになる戦い方は〝プライスリーダー〟だけではない。業界や地域の〝デザインリーダー〟となって、高い収益を上げている会社もある。継続して先端性を追求し、〝商品開発リーダー〟と称されたり、〝性能や、機能性や、新技術や、新設備…のリーダー〟として、強力な会社もある。時には〝早朝出勤や早朝開店のリーダー〟となって、繁盛する例もある。

プライス・納期・品質・原価・サービス・宣伝・技術・流行・信用・きれい・安全・親切…等、さまざまな、リーダーがあることを知っておくべきだ。リーダーの会社はみんな強い。

どこかで、何かで、リーダーとなることにチャレンジし、強力な会社を創って欲しい。

質の高いブレーンの親身な意見は、すばらしい啓示となる。

腹を割って相談に乗ってくれるブレーンを持たなかったので、失敗を避けて通ることができなかった、という出来事を昨今よく見る。

自分に強い主義主張や固定観念があると、なかなか他人様の言われることを、そのまま聞くわけにはいかなくなる。人間は誰でも同じである。

強い自己主張や固定的な物の見方が、さまざまな変化や危機に素早く対応するのに妨げとなっているのだ。自分がある道に詳しいのと同じように、道々に精通したプロは数多い。そして、その意見を尋ねる機会を持てなかったために、生涯の好機を逸したり、決断を誤ったりしているのだ。無念の極みである。

社長には、少なくとも三人のブレーンが必要である。それは、自分にとって質の高い、医者と、弁護士と、会計士である。また、人生や事業を積極的に繁栄させ、衆人の光栄、客の福、生涯の産を興し、富を築こうという立志の念を抱く社長には、さらに幾人かのブレーンが必要である。

何でも相談できる老獪《ろうかい》な事業家、総合的な視野を持つコンサルタント、庶民性のある政治家、先見性のある役人、若いセンシビリティな企画マンや芸術家や学者…を周りに持っていることで、我々は混迷に惑わされない判断や、先の見通しができるのだ。

社長には、経営を誤りない方向にもっていかなければならないという、何物にも動かせない高い使命と、前向きの的確な判断が必要である。

質の高い相談相手の親身な意見は、すばらしい啓示となる。

あなたは、幾人の参謀を得ているか、お尋ねしたい。

第五章

事業の繁栄と人生を成就する11の着眼点

「人生は一回しかない」ということを肝に銘じ、高い理想を掲げて、その実現に命を費やすくらいやらないと、世の中で成功することなどできはしない。

社長業は、命懸けでやる商売である。

商売を、単なる金儲けの方便と考えている社長がいるかもしれないが、決してそんなことはない。社員も、社員の家族も、自分の家族も食べさせていかなければならないのが社長業だ。生涯を懸けてやるべき崇高な仕事である。一人ひとりに、「本当にいい人生だ」と心から思ってもらう、そういう立場に社長はいることを片時も忘れないで欲しい。

イギリスのソールズベリ近郊にある、ストーンヘンジと呼ばれる環状列石は有名である。誰が何のために創ったか、謎に満ちているが、直径約一一〇メートルの溝の内側に、巨石柱が四重の環状に並んでいる。

このソールズベリ近郊には、もう一つの名所がある。ロビーナ・ケイトがか弱い女手一つで築き上げた石造りの野外劇場である。

何が彼女をそうさせたか…「私とて生きた証に、この世に何かを残さなければ」と、考えた。

そこで、四十歳代から私財のすべてを注ぎ込んで、コツコツと野外劇場を造り始めた。雨の日も、風の日も、石を背負って、長い道のりを独りで黙々と運んで、とうとう老婆になってしまった。

しかし、だんだん劇場の体《てい》を成すにつれ、一人、また一人が加勢するというように、やがて周りの人たち全員が積極的に協力してくれるようになって、見事な野外劇場が完成した。

一人の老婆の身命を賭した熱意が、自然と人々の心を動かし、大きな力を引き出しのである。

今では、当地を代表する名所となって、シェークスピアをはじめとするさまざまな野外劇がそこで演じられ、イギリスのみならず世界各国から大勢の演劇ファンが押しかけるようになった。人間の情熱と執念こそすばらしい。

ロビーナ・ケイトのように、「人生は一回しかない」ということを肝に銘じ、高い理想を掲げて、その実現にのめり込んで、のめり込んで、命を費やすくらいやらないと、世の中で成功し、何かの形を残すことなどできはしない。

これから難しい時代、自らの大きなロマンと、実際の金儲けを実現するために、社長は、「命を懸ける」「執念を燃やす」「のめり込む」ということを心に深く刻み込んで、商売に邁進していただきたい。

「物や機械」から「ルールやシステム」、さらに、「哲学や、思想や、言葉や、宗教」の国際化といったことが、資本主義世界の新しい課題として加わってくる。

文明という文字には、物質とか機械とかいった修飾語が必要である。通常、私たちは、物質文明とか機械文明とか表現している。物質も、機械も、いわば科学の産物であるから、次々に過去を否定して進化し、イノベーションを起こしている。

第二次大戦を境に、日本人は、この科学に急速に目覚めた。それまで、洗濯板を使い、固形の石鹸で衣類を洗っていたが、進駐してきたアメリカ人の電気洗濯機を見て驚き、それを分解し、改良し、粉の石鹸を用い、品質も機能性もさらに高い洗濯機を作った。

これが典型で、日本の国際化は、目に見える「物」の商品化から始まっている。

カメラや時計も、自動車も、飛行機も、電車も、コンピュータも機械設備も……同様である。

私たちはベッドに寝て、コンビニで物を買い、フォークやナイフを使い、パンや肉を食べ、背広を着て、靴を履いて何の不自然さも感じてはいない。むしろ、日本人が、和服を着ている人を見て、珍しがったり奇異に感じたりしている。

文明の産物である物が、伝統的な文化まで影響を及ぼすようになった。日本人は、こういった「物質や機械」に対する国際化には、大成功したと言える。世界一だと評される物も多いからだ。

しかし、これからは、こういう物質や機械に加え、目に見えない異質の「ルール」や「システム」が次々に入ってくることを覚悟していなければならない。古い考え方や、やり方が全面的に否定されたりもするし、改善を余儀なくもされる。次のアングロサクソン化である。

金融制度、税の仕組み、会計制度、人事制度、雇用システム、知的所有権、福祉、環境、政治、経済…と、世界中が同じルールで戦っていく時代が到来する。

「物や機械」から「ルールやシステム」の国際化が、社長の大きな試練となる。

さらに、「哲学や、思想や、言葉や、宗教」といった、根本の価値観に影響を及ぼすものが新しく加わってくる。

貧富の差、犯罪、飢餓、自由と公平、人間の幸福といったことが、ルールやシステムの次に、資本主義世界の新しい課題として加わってくる。
こういう時の流れは、誰も変えることができない。確実な、そして急激な流れである。

現場はさまざまなことを教えてくれる。今、何が売れているか、その形も、値段も、機能性も一目瞭然で捉えることができる。

感じるというのは、心のレベルのことである。それに対し、考えるというのは、あくまでも頭レベルのことである。最初に感じ、次に深く考えるというのが順序である。

感じ方が鈍い人は、考えることが下手である。

売れる新商品が見つからないとか、これからの収益源となる新事業が探せないというのは、会社にとって致命的な欠点だと言える。この種の悩みを抱えている会社は案外に多いものだ。

その大方は、社長も幹部も、社員も頭レベルの会社だというのが共通項である。机上の空論派や評論派が多く、現場を知らないし、足を使わない。こういう会社は感じ方の鈍い人たちが主体をなしている。口ばかりである。

今、スーパーマーケットのチルド・ケースは、バーチャルな五〇センチほどの四角い囲いに区切られて、コンピュータで管理されている。その囲いに並べた食料品が三日間で少ししか売れなければ、必ず売場から外される。そういう仕組みである。

売れる物だけを置くというのは、ごく当然の戦略である。そうなると、多くの商品は厳しい選別を受け、ゼロか一〇〇かという岐路に立つわけだ。感じ方の鋭い人は、自分の新商品がチルドに並べられたら、即座に最寄りの商圏にチラシを配布し、販促の限りを尽くす。つまり一〇〇を狙うわけである。ところが、そういう厳しい現場に疎い人は、たった三日間のデータで外されている現実に気付かず、結局、ゼロになってしまっている。売れる物を売れる場所に置くという戦略は、最も基本的な戦略で、誰もが頭レベルで知っているのに、自分のことだと分からない。インターネット販売や通販や無人販売でも、現場を良く見ていなければ、旧態に付け込むことも、革命的なこともできない。

現場はさまざまなことを教えてくれる。ライバルの商品を含めて、今、何が売れているか、その形も、値段も、機能性も一目瞭然で捉えることができる。商品開発や新事業を立ち上げる時に、売場や倉庫は、教科書であり宝庫である。それなのに足を使わない人が多い。感性が鈍くなったり、顧客の欲求とズレが生じてしまう。

どんな商品や事業でも同じことだ。

老人事業、子供商品、女性マーケットと顧客をくくったり、絞ったりしているが、それぞれの顧客の喜びも、怒りも、哀しみも、楽しみも、現場に行かなければ、本当に深く理解はできない。

何を作るべきか、どんな売り方をすべきか、その実務推進から、考え方や哲学まで、現場は厳しく教えてくれる。

この難しい時代でも、元気が良い会社は、社長を筆頭に全社員がカネの臭いを強烈にさせている。

資本主義は、競争が原理である。

日々、モノやサービスを売り買いし、カネの取り合いをしているのが実態だ。

特に、資本主義の権化である社長は、人一倍カネの臭いが強くないと駄目である。

この難しい時代でも、元気が良い会社は、社長を筆頭に全社員がカネの臭いを強烈にさせている。逆に、青色吐息の会社は、ほとんど、カネの臭いが希薄である。

商品の企画でも、イベントでも、接待交際でも、経営の勉強でも、カネの臭いがしないものは、私は、一切認めない。

苦労して開発した商品が、どんなに性能や機能やデザインに優れていても、数量が多く売れたり、売価が高くなったり、粗利益が大きくならなければ、原則、新商品にはならない。

画期的な技術革新で低価格を実現し、お客様に喜ばれたとしても、従来の何倍も、何十倍も余計に売れるようにならなければ、自分で自分の首を絞めることになる。まるで町の発明家並みではないか。町の発明家は、みんな貧乏している。

新商品でも、発明発見でも、特許でも、商売の根本の在《あ》り様でさえも、カネの臭いがしないと、必ず、大失敗する。金儲けを汚いものと考える風土の会社は、生きていけない。金儲け、つまりカネの臭いのする会社の方が強いに決まっている。

販売や商品開発の部門で、カネを直接稼ぐ部門には、カネの臭いがする人間を登用することが鉄則である。

事業経営は、ボランティアではない。「儲けてなんぼ」の世界であることを、社長は片時も忘れないで欲しい。

資本主義を選択し、そこに生き続ける限り、金儲けが下手な人間は、存在そのものが「劣等」だと言われても仕方がない。

すべてとは毛頭思わないが、大概はカネの力で解決できる。人間の幸福でさえ、大部分はカネで買うことができる。そのことを、少しも恥じることなく真正面から認めるべきである。キレイ事に逃げていたら、何のために事業経営にあくせくしているのか、本筋から大きく逸れてしまうことになる。

とりわけ社長は、自分に下駄を預けた社員と、その家族全員が、生涯、幸福で豊かに暮らせるようにしてやる崇高な使命を帯びてこの世に存在するのである。

そのためには、誰に恥じ入ることなく、全社員がカネの臭いをさせて、どこの会社よりも売上利益を稼いでいただきたい。

資本主義とは、そういうものだ。

大ヒットなどというものは、衆を集めてできるものではない。一人の狂人を出現させることによって、初めて生まれる。

多くの会社で新規事業や新商品開発がうまくいかないのは、記憶型の「頭のいい」人間が大勢集まって、会議で決めているからだ。

車のデザインでも、建物や機械の設計でも、商品のパッケージでも、感性の鈍い人がどんなに集まっても、いいものはできない。一人の天才が車をデザインした時に、権力を持った鈍な人たちが会議を開いて、「もっと鋭角な線の方が大きく見える」などと言って、つまらない、売れない車にしてしまった例にも出会った。

どんな線が売れるか、どの色を組み合わせるべきか、どこで売るべきか、誰が買うか、最後の最後の根本は、本能に近い感性が決める。

どうしても会社を救う新商品を創らなければならないという時には、一人の狂人をつくって欲しい。

記憶型の頭脳レベルの人たちをどんなに多く集めても、その人たちからは心を衝き動かすようなものは絶対に生まれない。

最初から選び抜いた、たった一人の感性豊かな人を任に当てるべきだ。その一人は、商品の開発に熱中し、寝食を忘れることができる人間でなければならない。

長く集中していくうちに、色も、形も、素材も、名前も、販売ネットも、対象も、値段も…夢にまで見て、精根尽き果て、遂には神仏に祈るようになる。こうして出来上がったものは、ほとんど間違いなく売れるものだ。

「何事も、自分の想念する通りになって実現する」

北九州市に住む吉丸房江さんは、小さい頃、妹の子守をよくさせられた。あるとき、妹が泣いて水を飲みたそうなので、蓮の葉に溜まった水玉を手にとって飲ませた。そのうち、泣きやんで眠ったので、家に帰って母親に渡したら、「大変だ、この子は息をしていない」という事態が起こった。あわてた母親は、妹を背負って近所の医者へ行ったが、「既に亡くなっている」と診断された。母は、亡くなった妹を再び背負って、神社やお寺を巡り、「ごめんね、ごめんね」と涙を流して祈りながら家へ帰ってきた。縁側に腰を下ろして、背負っていた妹をヒョイと降ろしたら、ワーッと泣き出したのである。

念ずれば通ず…この世は不思議なことに溢れている。

祈りや、強い願いや、ヒラメキや、のめり込みは、強く、長く集中した狂人の境地が必要である。

大ヒットなどというものは、衆を集めてできるものではない。一人の狂人を出現させることによって、成功の道を切り開いて欲しい。

最後まで生き残って栄えるものは、環境に適応して自らを変革できるものだけだ。

一店を一〇店に増やす。つまり、売上の一〇倍増を狙うわけである。当然、一〇〇店にすれば、売上は一〇〇倍になる。

こういう戦略の根底には、一つの成功ノウハウを全体に及ぼすことで、市場を占拠していくというシンプルな拡大思想がある。この単純な拡大戦略は、単純なだけに原理であり、典型であり、間違うと大きな落とし穴にはまる。

一つひとつの事業の成長や拡大には、根本に限度が存在している。その最大の限度は、「人口を超えては成長も拡大もできない」ということである。このことが根本思想にないと、次の手の打ち方に行き詰まりを来す。限度が到来してからでは遅すぎるのだ。

グローバルな巨大マーケットを目指そうとも、地方や地域の小さなマーケットを狙おうとも、そこに住み、生活している顧客の数を超えて事業が成長したことなど一度もない。

メーカーであっても、小売業であっても、どんなに業態が異なっていても、人口や世帯数や、得意先数や法人数を超えて立案した計画というものは、無謀の極みということだ。

狙うマーケット全体の占有率が二五パーセントに達したら、「次の新しい展開を予測し、準備し、実験し、業態を変革し、新しい成功ノウハウを付加しなければ、生き残って繁栄することは難しい」。

マーケットの中で、自分の店の数が二五パーセントを超えていたら、いわば「完成の域」に達していると判断すべきである。そのままいったら破滅する。それが営業所の数であったり、商品の占有率であったり、狙う対象や得意先の全体に占める率であったりする。転換の起点がそこにある。まったく別のスタイルを開発することが大事だ。

新しい用意がなければ、これまでの成功は偶然のことであり、必然ではない。

「進化論」を説いたダーウィンは、その著『種の起源』で、「最後まで生き残って栄えるものは、強いものでも、大きいものでもない。まして、頭の良いものでもない。時を超えて栄える種は、環境に適応して自らを変革できるものだ」と書いている。

「自分は運が強い」と信念すれば、必ず、強運を呼び込み、物事はその通りになって成就する。

人間の能力や、知恵には限界がある。

しかし、時として、ある種の人間は、この限界を超えて、神仏をも凌ぐ偉業を成し遂げてしまう。

その因の究極を見つめると、強運であり、第六感であり、ヒラメキであり、人知を超えた天恵を呼び込む積極心である。

私が尊敬する一人に、志水陽洸さんがいる。

終戦後、極寒のシベリアに、部下を率いて抑留され、地獄の強制労働を生き延びた人である。一日、わずか一杯のコウリャン粥をすすりながら、凍てつく土をツルハシ一本で掘る作業が続いた。一人死に、また一人死んで、一冬が過ぎると、部下が半分に減っていた。

そんなときに、同じく痩せてはいるが、眼を輝かせ、とても死にそうには見えない一人の若い兵隊が、他の部隊にいた。早くから不思議に思っていた志水さんは、「君は、どうしていつも元気なんだ」と尋ねてみた。

その答えを、志水さんは一生涯忘れられないと、私に語ってくれた。若い兵隊は、「私には、心に歌がある」と言ったのである。

胸をつかれた志水さんは、すぐに自分の部下を集め、「毎日、歌を歌いながら作業するように」と厳命した。歌い始めて数カ月すると、志水さんの隊は群を抜いて作業が進んだ。歌声は、口をついて耳に伝わり、心に響いて元気を養う。極限の生活にも、小さな明かりが灯った。半年も過ぎると、全員があの若い兵隊のように目に輝きを取り戻した。

歌こそすばらしい。心が積極的に躍動し、次々に好運を招き寄せる。やがて、精勤の褒美に、内勤を命ぜられ、ソ連兵と笑顔で元気に挨拶を交わすうちに、互いの情が伝わり、黒パンやジャガイモまで分けてもらえるようになった。

昭和二十六年、終戦から六年もたって、志水さんの率いる部隊は、歌を歌い始めてから一人の落伍者もなく、日本へ無事に帰還した。

積極心は、強運をもたらす第一条件である。

人生は、自分が想念した通りにしかならない。「自分は運が強い」と信念すれば、必ず、強運を呼び込み、物事はその通りになって成就する。死すべき境涯さえも、信念によって変えられる。

社長は、どんな状況下にあっても、売上・利益を伸ばし、世の繁栄に貢献すべき使命を負っている。この使命を強く信念すれば、奇跡さえ起こすことができる。強運を呼び込む真理を、忘れないで欲しい。

人生も、事業も、自ら描くことに、本当の意義がある。どう事業を発展させるか、どう人生を成就させるかは、同義のことである。

社長にとって、事業経営は、人生そのもの、まったく同じ道のりである。また、事業の成功も失敗も、人生の喜怒哀楽も同じものだという感じが強い。

人生は、大別して、三つの節《ふし》に別れている。

現代人の人生は、零歳でオギャーと生まれて、二十歳前後まで修業する。これが、第一番目の節である。多くの場合、その教育は、均等で、知性だけの修業に終始している。

社長業に必要なリーダーシップや、屈しない勇気や、根性や、先見力や、他人の痛みを感じる心…ということについては、現在の学校教育の範疇にはない。したがって、家庭で親が教える以外にない。

二十歳を超えると、多くの現代人は実行の時代に入る。会社に就職する、スポーツマンになる、医師になる、経営者になる…という第二の人生の節を迎える。

この節は、平均して四十五年である。百年も働いた人はいない。特に、この節こそ、人生そのものだと思う。生涯の仕事を見つけて、それに就くのも、恋をし、結婚して家庭を営むのも、子供を産むのも、その子の学校や就職や結婚相手を探し、独立させるのも、第二番目の節である。

実行の四十五年間が真に充実していれば、幸福な三番目の節が迎えられる。ただし、最後の仕上げとして、相続、事業継承がやってくる。これさえ、うまく対処できれば、すべて良い人生だったことになる。

誰の人生も同じようで、そんなに大きな時差はない。

三十歳前後に子供が生まれ、六十歳になると、その子が三十歳になって孫が生まれ、九十歳まで行体《ぎょうたい》をとどめることができれば、子は六十歳になり、孫が三十歳を迎え、曾孫《ひまご》の顔を見ることができる。これが人生である。本人も、子も、孫も、曾孫も、似たり寄ったりな人生を送る。

戦争、天災、不況、制度改革、エネルギー革命、グローバリゼーション…と、今昔の時を超えて起こってきたし、対処の方法も無限にある。しかし、そのすべてに、クリエイティブな頭脳がないと、対処の戦略は生まれない。

白いキャンバスに絵を描く時、どんな絵を描くかは、本人が決める以外にない。創造することが大事である。

人生も、事業も、自ら描くことに、本当の意義がある。どう事業を発展させるか、どう人生を成就させるかは、同義のことである。

人生の達人になるために、まず、備えなさい。苦悩は消える。

事業家にとって、業績の不振ほど苦悩の種はない。

人によっては、それが因で病に倒れるということも少なくない。元来、誰でも人間は、自分が命を賭して目指していることや、誇りを持って生き甲斐にしていることや、信じて疑わなかった人などに、傷つけられたり、裏切られたり、否定されたりすると、苦悩の極みを知ることになるものだ。

政治家でも、事業家でも、相当な豪の者でも、世に名が出ていればいるほど、こういう事態になるとジタバタしたり、七転八倒し、遂には病に倒れたりもする。人間は言うほど強くはない。

そんな時に、私は、社長たちに、まず、〝忘れること〟を薦める。苦悩を忘れる訓練をするのだ。

歌を歌う。歌は口から声を発し、それが耳に伝わり、心に響いて癒してくれる。歌が口の端に上らないほどの重症者でも、毎日、小さな声で歌っていると、次第に声が大きくなって、いつの間にか苦悩は消えてしまう。二十一世紀に強く生き残れる人は、呵々大笑する人だ、とは行徳哲男氏の至言である。

それでも、一日が暮れて床に就く頃になると、決まって苦悩に満ちてしまう人がいる。そんな人には、これまでの人生で、最高におかしかったこと、楽しかったことだけを細事にわたってノートに書いてもらい、翌朝、直接面談したり電話で聴いて、一緒に大笑することにしている。これは効果大である。

想えば、苦も楽も同じ心のジャンルに位置する。しかし、人間は苦も楽も同時にはできないと中村天風さんも言っている。

鎌倉中期に宋より渡来して、鎌倉円覚寺を開山した臨済宗高僧、無学祖元は、元寇の襲来に苦悩した北条時宗に、「莫煩悩」を教えている。時宗は、この教えで目覚め、襲来に備えて防塁を博多湾に築き、上陸を阻止した。

事業も同じで、不況にも、不振にも、備えることこそ第一番目の大事である。

まず、備えなさい。苦悩は消える。

人生は一度しかないから、幸福に、豊かに暮らすために努力することは、人間としての当然の務めである。

社長に「強く激しい思い込み」がないと、社員は動かないし、目標の達成も、目的の完遂も出来ない。

私は、時々、社長たちの凄まじいばかりの思い込みに出会うことがある。つい先日、指導の一環で、「喜代村」の木村清社長の「事業発展計画書」に筆を入れることになった。しかし、真実には、ほとんど手を入れる余地がなかった。

出だしから驚いた。五ページ読んでも、一〇ページ読んでも句読点がなく、文字が止めどなくズーッと続いている。文章にはなっていない。しかし、社長の激しく、強い思い込みが、行間に満ち溢れ、叩きつけるように書いてあるのだ。

商品への思い込み、お客様への対応の熱い熱い思い込み、社員を幸福にしたいという涙が吹き出るほどの思いが、切れ目なく、際限なく書いてあるのだ。

こうなると、文章の上手下手などまったく関係がない。

結局、できる限りこのままで印刷しようということになった。

今、寿司店で一店舗として、日本中で最も売り上げているのは、この喜代村の「すしざんまい」である。わずか三〇坪の店で、年に一〇億円も売り上げている。抜群の人気で、テレビで幾度も放映された。

事業は、社長が最初の一人であり、最後の一人でもある。

部下は、社長の思い込みを分担代行する役目である。これが組織の根幹である。

社長に強い思い込みがないと、社員は動かないし、目標の達成も、目的の完遂も出来ない。社長の激しい思い込みは、どんな時でも、自らを信じる姿勢、つまり、自信に溢れていなければ生まれない。

その自信は、商品やサービスや技術や社員が、他のいかなる相手よりも、お客様に強く必要とされるくらいに存在価値を磨き上げることによって、初めて生まれる。

社長自身もまた、お客様や、社員や、周りにいるすべての人に強く必要とされることを、絶えず哲学として生きていなければならない。

たとえ、流行病が起こっても、地震に遭遇しても、生き続けることができるものだと信じることである。

もし、天に神がおられたら、そういう存在を殺さないに違いないのだから。

事業も、学問も、政治も、すべてが情を要にし、情を超えるものはない。

楽しくないこと、嫌いなこと、好かれないことは、たとえ、それが正しいことであろうとも、頑としてやらないという選択の尺度が必要なことが多い。

たしかに結婚ひとつをとっても、「正しいから結婚する」という表現は、実に科学的であり、不似合いでおかしい。人間には情があって、好きだから結婚し、嫌いだから結婚しないのである。情に理屈はいらない。

しかし、親は、時々、大人の物差しと称して、子供の、好きだとか、楽しいとか、幸福感とかを無視して、自分の経験値で選択を強制したりしている。これは大人の知恵の乱用で、情を欠く子をつくってしまう。

経営の現場では、もともと、店も商品も人も、お客様に好きだと思われないと流行らないし、売れない。色でも、形でも、素材でも、好き嫌いで選ばれ、接してくれる人間味で売れたり、売れなかったりしているのだ。また、部下が上役に従うのは、魅力という情のウエイトが高い。情がない組織は、規則やシステムや規制を数多く設けて、従わせようと工夫しているが、冷たい関係になってしまい、個人無視、自由度のない経営を進めることになる。

人間が苦しいような経営は長続きしない。

経営の現場には、さまざまな物差しがあるが、正しいとか、間違いだという判断基準は、論理的で、知的で、冷たい。だから、法律のように違反の規範として用いると効果はあるが、あくまで科学的な計算として活かすという視点が大切である。

「天下のこと万変と雖《いえど》も、我がこれに応じる所以《ゆえん》は、喜怒哀楽の四者を出ず。これ全ての学の要にして、政《まつりごと》もすべからくその中に在り」

これは王陽明の言葉であるが、昨今のように、世の中が千変万化しようとも、自分がこれに対応していけるのは、喜怒哀楽という四つの情を知っているからであると説いている。

また、学問も、政治も、すべてが情を要にし、情を超えるものはないことを示唆している。

あとがき

これまで数多くの社長に会ってきたが、特に創業社長のスタート時は、資本もなく、売るべき商品も少なく、部下もいない。買っていただくお客様もほとんどいない。しかし、理屈では言えないほどの泥臭さで立ち上げる。目ざとく、鋭《すすど》しく、執念に満ち、愛すべき根性や粘りで進む。

時には、小さな不正義すら感じるほど逞しい力を発揮する。最初から正義に溢れ、哲学があるとは限らない。それが、叩かれ、致命傷にならない小さな失敗を繰り返すうちに、少しずつ悧巧《りこう》になり、良い物、良いサービス、お客様第一、増客の思想、正義こそが本格的に事業を繁栄させる方向だと悟る。こうして、思想や哲学が生まれる。

若くて哲学があり、出来上がっている社長などいない。最初は、みんな小さく、難しく、手探りである。そして、思想や、哲学や、ロマンを確立し、独自の戦略や戦術を駆使し、生命を賭して目指すべきマーケットに挑む。

事業の規模は、狙うマーケットの大きさで決まる。原則的に、規模は人口や世帯数や得意先とすべき会社数を超えて大きくはならない。小さなマーケットを狙えば、小さい事業になり、大きなマーケットを狙えば、大きくなる可能性がある。

町や村の片隅で事業をやっても、地方を狙っても、全日本を狙っても、アジアや全世界を狙っても、まずマーケットこそが事業の規模を決定し、支配する大要因だということを忘れてはならない。

ただし、小さいマーケットを狙う時には、質を高めることが戦略課題となる。

質は、マーケットにはない。むしろ、他社と比べて単位当たりで優れていることが、競う要因となる。一人当たり、時間当たり、坪当たりで優れていたらよい会社である。規模をとるか、質をとるか、それは社長の戦略の選択次第だ。

テレビでも、自動車でも、カメラでも、一家に二台購入する市場では、世帯数の二倍まではトントン拍子で売れる。しかし、三台目にチャレンジすると、急に厳しい営業努力が必要となり、商品・サービスの差別化という壁が立ち塞がり、やがて売上利益が鈍化する。

衣類も、医療も、出版も、機械も、学校も、住宅も、店舗も、すべての事業がこういう大原則から外れることはできない。

グローバリゼーションは、必然である。それは、巨大なマーケットがこれから誕生してくるからである。

最初は、安く作る、安く仕入れるだけで競争に勝てたし、短期間に小が大にもなれた。

しかし、これからは、購買力を有してきた巨大なマーケットを顧客として狙う戦略が中心となる。売上が一〇倍に増える、一〇〇倍になるということを、現実に診てきた。

今、地球人口は六三億人である。中国に一三億人、インドに一〇億人がいて、わずかこの二カ国で地球人口の三分の一を超えている。アジア全体では、すでに地球人口の五〇パーセントを超える人が住んでいる。

そこには、日本の人口の五〇倍ものマーケットが誕生する時代になっている。規模の大小に関係なく、あらゆる業種業態の事業繁栄のチャンスが到来している。また、それらの国々は、日本の技術移転の結果、同じような技術を持ち、安価に商品を作る。

したがって、やがては強力な競争相手、ライバルにもなる。日本は先端で、高額なもので戦うことが新しい戦略課題となってきた。

事業経営には、まず、哲学・思想・ロマンや野望の領域があり、次に、方向性を決定すべき戦略領域がある。さらに、ライバルと戦う競争の戦術領域が存在する。最終には、数値目標があり、売上や利益の規模や内容の領域がある。これが、これからの社長業の大きな体系である。

この著は、変貌する環境の中で、社長の実務と戦略を分かりやすく書いたものである。

ご繁栄を心から念じ、ご意見・ご質問を是非お伺いしたいと思いながら、筆を置きたい。

平成十七年八月

牟田　學

本書は、『牟田學　今月の視点―繁栄のための着眼点』として、日本経営合理化協会が毎月会員に発信してきた二百余の項目のなかから、著者が八八項目を厳選し、大幅に加筆・修正のうえ、再構成したものです。

＜著者略歴＞

牟田　學（むた　がく）

明治大学在学中より事業の鬼才を発揮、卒業後も、その経営手腕を見込まれ、雇われ社長として倒産寸前の会社を次々に再建する。現在、自ら創業した五社の社長・会長と数社の役員を兼務。40年の実体験に裏打ちされた骨太の経営思想と実務手腕をもとに「幾代にもわたる事業の繁栄」を情熱的に指導。「知行合一の人」として定評を得ている。その魅力的な人柄に数多くの社長が集い、自ら主宰するオーナー社長塾だけでも「無門塾」「花伝の会」「地球の会」をはじめ15を数える。昭和40年、弱冠25歳にして、多くの財界人や専門家の勧めで、経営指導機関である日本経営合理化協会を設立、現在、理事長。玉川大学経営学部客員教授。

昭和13年、佐賀県生まれ。著書に、『社長業』『社長業のすすめ方』（以上、産能大学出版部）、『オーナー社長業』『社長の売上戦略』（以上、日本経営合理化協会出版局）などがある。

［著者連絡先］

日本経営合理化協会

〒101-0047　東京都千代田区内神田１－３－３　さくらビル

電話　03-3293-0041

URL　http://www.jmca.co.jp/

E-mail　muta@jmca.co.jp

社長専門コンサルタントが説く新しい《繁栄と躍進》の着眼点
社長業 実務と戦略

2005年10月5日 第1版第1刷発行
2005年12月9日 第1版第4刷発行

著 者 牟田 學
発行者 江口克彦
発行所 ＰＨＰ研究所
東京本部 〒102-8331 千代田区三番町3番地10
学芸出版部 ☎03-3239-6221（編集）
普及一部 ☎03-3239-6233（販売）
京都本部 〒601-8411 京都市南区西九条北ノ内町11
PHP INTERFACE http://www.php.co.jp/

印刷所
製本所 図書印刷株式会社

ISBN4-569-64423-6

PHPの本

人生心得帖

松下幸之助

著者の長年の体験と鋭い洞察から生み出された〃人生の知恵〃。生きる指針が見失われがちな現在、心をこめて世に問う、貴重な人生の指針の書。味わい深い人生語録。

定価1,229円
（本体1,170円）
税5％

PEACE and HAPPINESS through PROSPERITY
大切なこと

松下幸之助 文／江村信一 絵

400万部のベストセラー『道をひらく』のなかから、若い人向けに書かれた「生きていくうえに大切なこと」を抜粋したメッセージブック。

定価1,050円
（本体1,000円）
税5％

PEACE and HAPPINESS through PROSPERITY
もっと大切なこと

松下幸之助 文／いのうえかおる 絵

400万部を超えるロングセラー『道をひらく』から、若い人たちに贈る人生の指針を抜粋、心が癒されるイラストをつけたエッセイ集。

定価1,050円
（本体1,000円）
税5％